中公文庫

モラトリアム人間の時代

小此木啓吾

中央公論新社

目次

文庫版まえがき

昭和四十六年に、「モラトリアム人間」という言葉を私がつくってから、はやくも一〇年経った。その当時私は、モラトリアム状態をたのしんでいて、いつまでもおとなになろうとしない青年期延長型の人間をそう名づけたのである。

ところが、昭和五十二年十月号の『中央公論』に発表し、本書に収録した「モラトリアム人間の時代」と題する論文で私は、むしろ「モラトリアム人間」の心理構造が、ひとり青年層のみならず、現代社会のあらゆる年代・階層の共有する社会的性格になったと主張した。

それに先立つ数年の間に私は、本書に収録した「現代社会の山アラシ・ジレンマ」「情報化社会の病理」など一連の論文を『中央公論』に載せていたが、「モラトリアム人間の時代」が最も大きな反響をよんだ。そして私は、この反響を通して、あらためて多くのことを学んだ。

第一に、その反響は、「僕も全くその通りのモラトリアム人間だ」と自分自身の内にモラトリアム心理を見出して共感を表明するものと、「君はいいことを書いてくれた。近頃の若い者、日本人は何とも心配だ」「(自分はモラトリアム人間ではないが) モラトリアム人間には困ったものだ」と、私の分析に共鳴するものとに大別できる。前者には、若者、大学教師、研究者、マスコミ・出版関係者、中年くらいまでの会社人間などが多く、世代としては昭和一ケタ生れより下の人々である。後者は、昭和初期から大正・明治生れ世代の経営者、政治家、企業の管理者、組合執行部、各地の教育委員会の人々といった階層である。

私自身は、「やはり自分もモラトリアム人間だ」とつくづく思っているというのがホンネである。それだけに、モラトリアム退治型の人々には、「ご自分自身の内なるモラトリアム人間に気づいてください。そうすると、世代間の交流もよくなり、またちがったものの見方が生れてくるはずです」と説明することにしている。

モラトリアム人間の心理構造は、戦後の豊かな平和社会がつくり出した、幾多の要因の所産である。(管理社会、消費産業社会、情報化社会、高学歴社会、高齢化社会などといわれる)現代社会の基本構造が変らないかぎり、社会心理面だけをあれこれ手直ししようとしても、「角を矯めて牛を殺す」の愚を犯すおそれがある。むしろ、たとえそれが、旧世代からみて憂うべき人間像であっても、率直にそのリアリティを認めたところから、世の中に対する処方箋を、それぞれのかかわる局面で、それぞれが見出してほしい、というのが、私の考えである。

しかしながら、米国では、かなり気短にモラトリアム人間退治をスローガンにするレーガン大統領が、次々に手荒い矯正政策を打ち出し、その余波がわが国にも及ぶ気配で、内心はらはらして見守っているのが、現在の私の心境である。

「モラトリアム人間の時代」に対する第二の反響は、「これはユニークな日本人論だ」というとらえ方である。村上直之氏は、『現代思想』(「特集＝現代日本の思想」、昭和五十五年十二月号)の中で、「モラトリアム人間論で、現代大衆社会論はその頂点に達した」と論じておられるが、私としては、最も的確な評価を下していただいたと感謝している。これは、私にとって思いがけない反響であった。けれども、考えてみると、私の論文の中にも、モラトリアム国家日本論が語られている。この視点を拡大していえば、日本という国は、四面海に囲まれ、外敵や異文化の侵入に対して、地政学的に守られ易い条件に恵まれてきた。つまり、歴史上、日本人心理の形成にとって、こうした国際環境における国家的、文化的モラトリアムは、大変に大きな役割を果してきたにちがいない。その結果、お互いのアイデンティティを強く主張し、異質なものとの自我の闘いの中で暮してきた欧米人からみて、日本人がいつまでもアイデンティティを確立しない、モラトリアム人間的な存在なのもやむを得ない。

こうした経緯が、モラトリアム人間論すなわち日本人論としての評価をもたらしたのかもしれない。そう私は考えるようになった。とくに一九八〇年代を迎え、われわれは国際社会におけるアイデンティティをきびしく問われ、あらためてこの視点からの自己認識を迫られている。

しかしながら、一方には、私自身がはじめから日本人論を意図して著わした「日本人の阿闍世コンプレックス」をはじめとする幾つかの論文がある。これらの日本人論に関する諸論文をまとめ、近く「中公文庫」として刊行の予定である。

そこで本書は、『モラトリアム人間の時代』（中公叢書、昭和五十三年）、および『モラトリアム人間の心理構造』（昭和五十四年、中央公論社）に収録された、モラトリアム人間論に関する諸論文を一括することによって、新たに構成されることになった。この「中公文庫」版の刊行によって、より多くの読者が、より身近に、しかもより包括的に、モラトリアム人間論に親しまれることを心から切望している。

一九八一年十月十五日

小此木啓吾

モラトリアム人間の時代

モラトリアム人間の時代

失われた当事者意識

フロイトのチャップリン観

「彼はいつも同一の人物、弱々しく貧乏でどこにも帰属することのできない若者を演じています」

「彼は青年時代の印象から離れることができず、いつも青年時代の欠乏と屈辱の補償を求めつづけているのです」

ジグムント・フロイトは、チャーリー・チャップリンについてこう語っている。たしかにチャップリンの映画には社会の落ちこぼれ人間たちのそのような哀感がこもっている。

ところが、もはや現代では、このチャップリンに相当する若者たち、つまり、まだ社会のどこにも帰属しない青年たちには、チャップリンが表現したあの哀感も欠乏も屈辱も無縁なもののようにみえる。なぜならば、すでに現代の若者たちは、そのような弱者ではないからである。むしろ現代社会は、チャップリン時代にはルンペン扱いされたこれらの無帰属人間たちにかっこいいイメージを与え、彼ら自身もまた快く気楽にその自由を楽しんでいる。いつの間にか価値観の変化が人々の心におこり、無帰属・無党派の人間たちの存在権を積極的に尊重する時代がきたのである。

たとえば一九七七年七月の参議院選挙は、どの党派か、何らかの組織かに帰属感をもつ人々と、そのような帰属感のない、いわば無党派・無帰属の人々に、国民を色わけした点に、一つの社会心理学的な意義があった。しかも、選挙の趨勢が、むしろ無党派人間たちによって左右され、彼らの方が多数派になろうとしている事実は、われわれの日常心理を無意識のうちに支配する「社会的性格」を探る一つの手がかりになりそうである。

そして、この事実と表裏をなすのは、どんな社会的局面でも、当事者意識がなかったり、当事者になることを嫌い、それぞれの場所で、できるだけお客さま的存在でいることを望む心理傾向である。たとえばエネルギー危機問題にせよ、食糧危機対策にせよ、本来はその最終当事者であるはずの国民にその自覚がまったく欠けている。石油貯蔵庫をつくるにも、原子力発電所を設置するにも、その被害を恐れる住民運動はおこっても、自分たち自身の生活を根底から脅かす肝腎のエネルギー危機に対して、ではどのように対したらよいかという、切迫した市民の声は聞かれない。社会福祉が国家の重要な機能になればなるほど、自分が国をつくり運営するという当事者意識をもつ人々に比べて、むしろ、お客さま的な意識でひたすら国のサービスのみを期待する国民の方が、相対的にふえているのではないか。

さらに、天下国家とまではいかなくとも、どの会社やどの職場にも、何事につけても当事者になるのを避けるのが最良の処世術といった雰囲気がある。何かを積極的にやれば、人々の平和＝調和を乱す。その時は良くても必ず悪い時が来る。何もしなければ犠牲を払わないですむし、それ以上悪くなることもない。もちろん今の世の中にも、責任を背負いこみ、あえて問題の当事者になって頑張る人々は多いが、これらの人々が異口同音に語るのは、いかにそれが報われないかのフラストレーションであり、自分たちが苦労すればするほど、それに依存するお客さま的な存在は、ますますそのことに無自覚になるという嘆きである。

マスコミの論調をみても、誰かに世話になったり、頼ったり、自分はその責任者になるだけの力がないか、あってもあえてその立場をとろうとしないお客さま的立場の人々の権利の擁護にはえらく積極的だが、当事者意識をもって事に当る立場の人々には、奇妙に風当りが強い。批判が厳しく、監視人的である。すでにそこには、当事者になる人々は、必ずなにがしかの権力を行使して利得を得る強者であり、お客さま的な存在はその被害者であり、前者は悪玉、後者は善玉であると先験的にきめつける奇妙な認知構造が、固定化してしまっている。この認知構造の世界で適者となるには、いかに自分に力がなく、いかに自分もまた本当の当事者ではないかを、常に周囲にPRし、そのような非当事者的イメージやポーズをとらねばならない。いわゆる民主的人間のイメージは、あまり自分の意見や主張に固執せず、よく人の話を聞く、ものわかりよく優しく柔らかな存在である。そしてこの観点からみると、あのロッキード事件の被告となった人々は、あまりにも単純に、しかも人よく当事者たろうとし、その当事者意識過剰のゆえに、お客さま的な人々――その代表がマスコミである――の標的になったようにもみえる。

「何事に対しても、その時その所における当事者であることを避ける。自分はその時と所であくまでも仮の存在であり、〝本当の自分〟はそっと棚上げしておく。いつでも立場をかえ、考えをかえ、自分自身をも変身させる余地をのこしておく。一貫した主義主張をもたないか、もたないふりをする。特定の党派、集団にすべてを賭けることを避ける」

人々の心にいつの間にかそのような生き方がしみつき、身についてしまっている。いやむしろ、それが好ましい自分のあり方だとひそかに思う人々がふえているようにみえる。

企業の中では、今の職業を一生の仕事にするかと問われて、イエスと答えない青年が珍しくなくなったし、何を専攻するかときかれて、もうしばらく広くいろいろと勉強してからと答えるのが、大学院生や研究者の一般的風潮になってしまった。形の上では就職しても、その企業職員としての自分を本当の自分とは思わず、本当の自分はもっと別の何かになるべきだ、もっと素晴しい何かになるはずだ、と思いながら、表面だけは会社の仕事をつつがなくこなし、周囲に無難に同調するタイプのサラリーマン。すでに形の上で結婚し、子どもさえできていても、それで本当に自分の身がかたまったと思っていない男女。みんなが、その実人生においてお客さまで、自分が本当の当事者になるのは、何かもっと先ででもあるかのように思っている。

このお客さま意識、換言すれば、当事者意識の不在は、実は、現代のわれわれが、共通の社会的性格として互いに共有する「モラトリアム人間」に特有な社会意識である。

現代の青年心理の特性

以前私は、どの党派にも、どの組織にも帰属感をもたない、無党派、脱管理社会、若者文化志向の万年青年的な心性の持ち主を「モラトリアム人間」（猶予期間にある人間）とよんだが、今や、「モラトリアム人間」は、留年学生、大学院生といった表立った形をとるものだけでなく、独身サラリーマンの中にも、そして、いわゆるニュー・ファミリーとよばれる世代の所帯持ちたちの中にも、いやさらに、企業組織の管理者、官僚、政治家といった要職にある人々の中にさえも、広く潜在し、エーリッヒ・フロムのいう意味での、一つの「社会的性格」になろうとしている。

かつてフロムは、ファシズムが、なぜあのように人々の心をとらえたかを分析して「社会的性格」（social character）という概念に到達した。つまり、それぞれの時代、社会で暮す人々の心の中には、彼らの共通の経験、共通の欲求に由来し、それぞれが無意識のうちに共有する人間のあり方＝人間像が潜んでいる。それが「社会的性格」である。

ファシズムの支配は、実は、自由の重荷に耐えかねて、「個」の自立を放棄し、独裁的権威下への逃走を求める「マゾヒズム的性格」が共有されていたためにおきた現象である。フロムの名著『自由からの逃走』（一九四一）は、そのように分析したのであるが、もしこの種の分析を、現代のわれわれに適用するとすれば、はたしてどのような人間のあり方が「社会的性格」なのであろうか。

もちろん、この「社会的性格」を潜在的にもつ人々が、すべてそれを顕わに実現しているわけではない。むしろ大多数の人々は、潜在的に、あるいは無意識的に、それを望ましく思ってはいても、しばしば本人は、「自分が、そのような人間のあり方をいいと思っているなんてとんでもない」と否定する。なかにはその実現者を、積極的に非難する場合も多い。たとえ少数派のようにみえても、どのような時代、社会の場合にも、この望ましい潜在的人間像＝社会的性格をいち早く先取りして顕わにするのは、精神病理現象であり、青年の心理であり、時にそれは、いわゆる反体制的な運動である。

そして私は思う。あのようにはげしく高まった、一九六〇年から一九七〇年にかけてのヒッピー主義、全共闘運動、あの華やかな〝青年の季節〟は今どこにいってしまったのか、と。

彼ら青年たちは、実は、今現在われわれの心に浸透し汎化し日常化してしまった「モラトリアム人間」を、きわめて敏感な形で先取りしていたのである。ヒッピーも全共闘運動も、他動的・受身的にわれわれを「モラトリアム人間」化する、現代社会のもの的な動向を〝言葉〟にし、能動的・主体的なものに選び返す一つの表現行為、一つの象徴的実現であった。またそれは、「モラトリアム人間」の存在権を、この社会に確立しようとする先駆的努力をも意味していたのである。本来は、現代の青年心理の特性として、その認識が得られた「モラトリアム人間」は、今や現代人の心性全般を規定する「社会的性格」になろうとしているのである。

モラトリアム人間の誕生

心理社会的モラトリアムと青年期

「モラトリアム」とは、支払猶予期間、つまり戦争、暴動、天災などの非常事態下で、国家が債務・債権の決算を一定期間延期、猶予し、これによって、金融恐慌による信用機関の崩壊を防止する措置のことである。アイデンティティ論で、わが国にも知られている米国の精神分析学者エリク・H・エリクソンは、この言葉を転用して、青年期を「心理社会的モラトリアム」(psycho-social moratorium) の年代と定義した。青年期は、修業、研修中の身の上であるから、社会の側が、社会的な責任や義務の決済を猶予する年代である、という意味である。

本来、オトナ＝社会の側が青年にモラトリアムを与えるのは、まず第一に青年たちがオトナ世代から知識・技術を継承する研修＝見習い期間を与えるためである。この期間中、当然青年は、親なり、オトナ＝社会の一定の機構なりに、経済的・心理的に何らかの形で依存せざるを得ないが、古くそれは徒弟奉公期間であり、近く現代社会では、大学生活がその代表的なものである。その意味で、伝統的にこのモラトリアム＝見習い期間の長いのは、高度の技術の習得を要する専門技能者の卵、たとえば研修医や司法修習生、役者、芸術家などであった。つまり、この猶予期間中の青年たちは、未熟なまま世の中の現実にまきこまれて自分を見失わぬよう、将来の大成を期待される見習い人としての身分を保証される。

エリクソンは、「心理社会的モラトリアム」の概念を最初に提出する際、その実例として、あえて自分から自家製のモラトリアムをつくり出したバーナード・ショウの青年時代をあげている。ショウは一八七六年三月、二十歳の時に故郷のアイルランドの町を脱出したが、この脱出によってショウは、家族、友人、職業をすてて身をかくし、都会の中の一個の〝無名者〟になった。ショウは、天才型の人物にしばしばみられる一種の自家製のモラトリアムをこのような形で自分に与えた。その五年間、ショウは一日五ページの文章を必ず書くという日課を自分に課し、それを実行したという。そしてこの間、ついに刊行されなかった小説を書いたが、この書くことの習慣化（自己修練）が、のちの大作家バーナード・ショウの礎石になった、とショウ自ら告白している。

歴史的にみると、この猶予構造の中で、学問・言論の自由を謳う自由の精神が生まれた。知識・技術の習得を本来の目的とするモラトリアムは、やがて、知的公平さや真理の探究そのものを目的とする学問・科学の自由、ひいては、学問・科学の、その時代の社会・政治に対する不偏不党の中立性（局外中立性）、などの理念を成立させた。近代におけるモラトリアムの象徴的存在である大学の「自治」、社会・政治への「中立性」といった理念は、まさに、このモラトリアム精神を代表している。

教育者はもちろん、大学にのこる学者、研究者をはじめ、見習い研修期間の長い医師、裁判官は、いずれもこのモラトリアム精神を自分たちの職業意識にするとともに、社会の側も、これらの職業の専門家たちに、その時代・社会における政治状況からの局外中立の自由を認めている。そしてまた、これらの専門家から教育を受ける青少年、病人、そして裁判中の被告、彼らもまた、それぞれ異なった経緯によるとはいえ、何らかの意味で、一時的に、社会に対する義務と責任の決済を猶予されているという点で、共通の立場におかれている。モラトリアム精神の成立と拡大は、人権尊重の民主主義社会への歩みと文字通り、軌を一にしている。

このような歴史の上に成り立つ近代のオトナ社会は、各青年の「個」＝自我の育成を重視し、モラトリアムを、青年たちが社会的自我＝アイデンティティをつちかい、確立するための猶予期間とみなし、そのためのさまざまな社会的実験や遊び、時には冒険を許容するようになった。青年たちは、さまざまの人間の生き方、思想、価値観に同一化しては、その実験者になる。次々に所属集団を変え、さまざまのかかわりの中でいろいろな役割を試験的に身につける。そしてこの実験や練習を通して、自分に適うもの、適わぬものの吟味、取捨選択を積み重ねてゆくが、この試みは、思想、価値観のみならず、政治、宗教、文化、芸術、職業、異性関係、友人関係、趣味、スポーツ、すべての生活領域にわたって行われる。青年たちは、モラトリアム（猶予状態）を楽しみ、自由の精神を謳歌し、疾風怒濤や青春の彷徨をくり返しながら、実験や冒険をつづけ、やがては、最終的な進路、職業の選択、配偶者の決定をはじめ、そのすべてに自分固有の生き方＝アイデンティティを獲得する準備をととのえるのである。

古典的モラトリアム心理

ところで、旧来の社会秩序の中では、このモラトリアムは、一定の年齢に達すると終結するのが当然のきまりであった。個々人の発達図式についていえば、青年からオトナになるということは、もはや一時的な遊びや暫定的な実験ではない特定の社会的自己＝アイデンティティを確立することを意味していた。「これが自分だ」と選択したオトナの人生に自分を賭け、一定の職業、専門分野、特定の配偶者、社会組織、役割としっかりと非可逆的に結び合い、安易なやり直しのきかないことを覚悟した倫理的な人生がはじまる。猶予は失われ、社会的な責任が問われ、義務の決済が迫られる。つまり、「心理社会的モラトリアム」は、「自己定義＝自己選択＝アイデンティティ」と一対をなす概念であり、旧来の社会秩序に根をおろした確固たるオトナ社会の存在を前提としてはじめて、本来の目的を達成することができる。

　青年期をモラトリアムとしてとらえる旧来の社会秩序は、当然、自明のこととして古典的な人間一生の年代図式を確立していたのである。

誰でも人間は、このモラトリアム期間を経てオトナになるが、ひとたびオトナになれば青年期のしめくくりの時に選択した自分、その自分と結びついた職業、配偶者、社会組織の枠組の中で、年をとってゆく。同一の配偶者との間で子どもが生まれ、一緒に親になる。職場では一定の段階を経て地位が上り、収入がふえ、仕事に経験を積んで熟練し、次第に人の親らしくなり、先輩らしくなり、上司らしくなる。つまり、一方向性の時間進行のベクトルがあって、年をとることと、その個人の社会的、経済的、心理的上昇は同一方向に向うものとみなされていた。幼児期からはじまって、青年期、成人期、やがて中年、初老、老年期へという具合に、一つの固定した年代図式が確立していた。

そして、このようなオトナ側の既成秩序からみると、モラトリアムにある青年の心理は、以上述べた積極的な側面をもつと同時に、未熟で幼い未完成人間のそれであった。当然オトナ社会側は、青年たちを一人前扱いしなかったし、青年たちもまた、あのチャップリンが演じつづけたようなはげしい半人前意識にさいなまれていた。このような、伝統的な猶予構造の中で成立した古典的モラトリアム心理は、次のようである。

1　半人前意識と自立への渇望

オトナ社会は、何事につけても修業中、見習い期間中の身の上として、青年を半人前扱いした。青年たちは、オトナ社会（親や教師）に「猶予を与えられている」というひけ目や負い目を抱いていた。見習い、インターン、書生は、修業中ゆえのただ働きをも忍ばねばならなかった。半人前意識を、鮮明かつ強烈に抱く青年たちは、一日も早く自立したい、一人前になりたいと焦り、いら立ち、背伸びをつづけた。そして、この自立への渇望こそ、学習や修練、ひいては、各時代の人間社会の創造力の伝統的な源泉であった。

2　真剣かつ深刻な自己探求

すべてが一時的・暫定的な仮の営みであるという「猶予構造」が、青年にますますはげしく大志を抱かせ、無限の未来と無限の可能性を夢見させた。彼らは、遊びや実験の形ではあらゆるものになってみることができるが、同時に本当にはまだ何ものにもなることができない。彼らは、理想像を次々に見出してそれに同一化し、「自分とは何か」「自分はどうあるべきか」を、絶え間なく探求した。いわゆるデカンショ青年の哲学、思想、文学における自己探求は、統一的な自己、ひとたび選択されれば変らない自分の存在を前提にする自己図式にもとづいた、真剣かつ深刻な自己探求であった。

3　局外者意識と歴史的・時間的展望

同様のことが、社会・歴史の流れの中への自己の位置づけ方にもみられた。現実の社会・歴史の流れからみれば、まだ青年たちは局外者である。それだけに、その流れを自由に批判することができたし、その流れの行方について、自分なりの完結した歴史的・時間的な展望や世界観を描き出し——それが宗教的・哲学的世界観であれ、政治的イデオロギーであれ——この図式を介して、自分をその流れに位置づけることができた。

4　禁欲主義とフラストレーション

しかし、思考と知性の面では、成人以上に活動的で、性的・肉体的にも一人前であるにもかかわらず、社会的には半人前ゆえの性的・物質的な禁欲状態が、青年にはつきものであった。その結果生じるフラストレーションとそれに伴う不安・緊張感が、青年心理を彩るのが常であった。好きな異性との恋愛も、モラトリアム（修業中の身の上）ゆえに断念せねばならなかった。時には、異性との交際それ自体が制限されていた。性についてだけでなく、世の中のあらゆる物質的欲望や快楽は、青年には無縁のものであった。モラトリアムは、特有の禁欲主義を守ることを青年たちに強制していた。そして多くの青年は、この禁欲主義の中での欲望の昇華に苦闘したが、この昇華と禁欲が青年期特有の内向性と自我意識を深め、内面豊かな成熟した人格の形成をもたらす基本条件になっていた。

つまり、青年たちにとって、古典的モラトリアムはその自我の成熟にきわめて有意義であったとはいえ、その反面でそれは、さまざまの禁欲を強いられ、多くのフラストレーションに悩まされる半人前（コトナ）の状態であった。青年たちが不本意ながら、その不満状態に甘んじていたのは、そうしていなければならない現実原則＝社会秩序のためであった。この社会秩序に従って、やがて一人前になるためには、禁欲・フラストレーションを耐え忍び、修業を積まねばならない。つまりモラトリアムは、青年にとって一刻も早く脱け出したい拘束であり、制限であった。

たとえば、典型的なモラトリアム心理を十分に味わい、やがて永遠の青年チャップリンとは対照的なオトナ人間になったフロイトは、のちに妻となったマルタと熱烈な恋愛をし、三年四カ月の婚約期間に九百余通の書簡をマルタに書き送ったが、その間の葛藤や苦悩は深刻であった。彼がすぐに結婚できなかったのは、一人前の神経病医になるための研修期間の完了を待ったためであり、一人前にならなければ経済的にも結婚することができなかったためである。しかし、またそれだけに、このモラトリアム期間中のフロイトが、禁欲とフラストレーションに耐えながら全うした自己修練、その間に身につけた神経病医としての技能と知性こそ、精神分析学を今日あらしめる原動力になった。

若者文化と「新しいモラトリアム心理」の出現

ところでもし、〝青年期〟と〝オトナ期〟の境界が明確で、右に述べた年代図式が、そのまま現代のわれわれにもあてはまりつづけていたとすれば、以上述べてきた心理社会的モラトリアムは、たかだか、発達心理学、とくに〝青年の心理〟に関する心理学領域の話題にすぎなかったであろう。

しかるに、現代社会における青年期の位置づけの変化は、「古典的なモラトリアム心理」に急速な変容をもたらし、モラトリアム心理そのものの〝質〟を決定的に変えてしまった。そして、この動向の第一は、青年期そのものの存在権をかつてみられなかった形で公然と主張する、いわゆる若者文化の出現であり、第二は、青年期の延長である。

まず第一の動向について述べると、本来のモラトリアムは、青年が、社会的現実から一歩距離をおいて、その自我を養い、将来の大成を準備するという明確な目的をもった猶予期間だったのであるが、もはや現代のモラトリアムでは、そのような目的性は稀薄化し、本来なら社会的現実と対立するはずの猶予状態そのものが、次第に一つの新しい社会的現実の意味をもつようになった。そして、古典的なモラトリアム心理そのものの質的な変化があらわれはじめた。

しかも、はじめは、一つの社会現象として青年たちが受身的に経験し、他動的につくり出されたはずのこの動向に、逆に青年側が居直り、自分たち自身の自己主張として、能動的にアピールする運動が出現することになった。たとえば、一九六〇年代にすでにあのヒッピーたちは、きわめて具象的な形でこの自己主張を行い、やがては大学紛争の中で、あの心情主義的な青年たちは、政治・思想的な次元で、「古典的モラトリアム心理」から「新しいモラトリアム心理」への自己変革と社会変革を、ラディカルに主張しようとした。ただしかし、これらの青年たちの社会的自己主張を通して突如として顕わになったかにみえた「新しいモラトリアム人間」像は、短期間のうちに、特定の社会的な運動形態としては社会の表面から姿を消していったようであるが、これは皮相な見方で、実は「新しいモラトリアム心理」は、より広く、より潜在的な形で、現代青年の心理の中に汎化し、日常化し、共有されることになったのである。

では、「古典的モラトリアム心理」の質的変化はいかにしておこったのであろうか。まず第一にあげられるのは、青年たちにそのような自己主張を促す社会全体における青年期＝モラトリアムの位置づけ、価値の上昇である。つまり、産業社会化が進むにつれて、モラトリアムは、ただ単に「古いもの」の継承を目的とするだけでなく、むしろ刻々に進歩し、開発される「新しいもの」の習得、ひいては「新しいもの」の発見や創造をも目的とするようになった。科学・技術の進歩が加速度化し、生産力が高度化し、それに伴う社会変動がスピードアップするにつれて、新世代による新しいものの習得、さらにはその開発・発見というモラトリアムの機能が高まり、大学の存在意義も青年の社会的地位も相対的に向上した。この動向の中で、今やモラトリアムは、社会変動に対するその社会全体の柔軟な適応性を支える弾力的な安全装置のような役割を果すことになったのである。なかでもこの動向のもっとも端的なあらわれは、モラトリアム状態にいる青年（大学生）を大量生産する高学歴社会の出現である。

さらにもうひとつ、豊かな社会の中での若者が、商品の消費者＝購買者として大きな比重を占め、オトナ社会の側が、彼らの存在権をさまざまな形で尊重し、その自己主張に拍車をかける動向をあげねばならない。かくして「古いもの」へのとらわれがなく、「新しいもの」を探求し、流行に敏感で、何事をも先取りする青年が、情報化・消費社会の主役となったのである。この動向を目にみえる形で示したものとしては、若者のヒッピー・スタイルとしてはじまり、やがては世代を超えたファッションとなったジーンズや長髪をあげることができる。つまり、現代の若者文化そのものがＣＭ文化＝消費文化を中心にして成り立っている。まだ現実には何ものも労働・

生産しないで、受けとり、消費することに専念してよい「心理社会的な猶予」そのものが、情報化・消費社会の特性と期せずして一致したわけであるが、まさにこの動向によってモラトリアム心理は大規模に商業化され、彼らは社会の大切なお客さまになった。

このような青年期＝モラトリアム人間の社会的地位の相対的な向上は、古典的モラトリアム心理に次のような質的な変化をもたらすことになった。

1　半人前意識から全能感へ

社会の変化がスピードアップされるにつれて、科学、技術、価値観から芸術、ファッションの流行に至るまで、「新しいもの」に敏感に反応し、いち早くそれを身につけることができるのは青年である。モラトリアムの意義が、旧世代からの「古いもの」の継承よりも、旧世代が身につけていない「新しいもの」の発見と吸収に、その重点を移すにつれて、旧世代の権威は相対的に低下し、青年たちの半人前意識（ひけ目、劣等感）は、全能感へと変った。

2　禁欲から解放へ

豊かな社会の中では、物質的な満足はすぐに手に入るので、たとえモラトリアム状態におかれていても、日々の暮しは比較的楽に送れるようになった。いやそれだけでなく、多くの青年たち、とりわけ独身貴族とよばれる青年たちや未婚のＯＬは、その経済的消費の面で今や重要なマーケットである。つまり、心理的・社会的には、まだモラトリアム状態にありながら、物質的満足や消費の面では、むしろ満足感の高い生活を楽しむことのできる青年たちが、社会の中で一つの大きな勢力を占めるようになったのである。とりわけこの動向は、性的な満足の面についても、いわゆるフリー・セックスや婚前セックスの許容といった形で、大幅に進行し、かえって若者たちの方が、モラトリアム状態にあるがゆえに、より気楽に性の解放を積極的に享受することができるといった状況が成立しはじめた。

3　修業感覚から遊び感覚へ

かつては青年意識と一つであった修業・見習いの感覚は、漸次減少し、むしろ遊び感覚がより濃厚になった。豊かな社会の中での余暇や遊びの意義が高まるにつれて、モラトリアム状態の青年は、この動向においても主役である。モラトリアムという心理社会的構造から禁欲やフラストレーションという要素が消去されるにつれて、ゆとり・余暇の中で社会的現実を離れ、快楽本位の自由を楽しむ遊び感覚が支配的になるのは、必然的な成行きであった。

4　同一化（継承者）から隔たり（局外者）へ

かつてはモラトリアム期間中に既成の価値観や思想に、そして、既存社会の生活感情や行動様式に、さまざまな形での同一化を試みるのが、継承者としての青年の使命であった。しかし今や青年は、既存社会のいかなるものに対しても、同一化するよりは一歩距離をおいて隔たり、論評者、批判者、局外者たろうとする。

この心理傾向は、マスコミ社会そのものの心性と見事に一致し、互いに活潑に共鳴し合う。マスコミそのものが、言論・報道の自由の建前から、現実社会の動きから一歩距離をおき、中立の立場から自由な論評を行う社会的機能を営むわけだが、このようなマスコミ機能への同一化が、人々の心性を大幅に決定するマスコミ社会の落し子である現代青年に、既存社会に根を下さぬ自分たちの存在を肯定し、よりよい自己評価をもたせるようになった。青年たちは、現実社会に対して、魔術的な力をもつマスコミに同一化して自己を全能視し、既成社会の継承者であるよりもむしろ論評者であることを理想像にする。その社会の中に自分も存在しているという自己の現実を否認し、実行力を伴わぬ口先の論評にたけて批判力ばかり肥大するという、マスコミと同様の自我分裂が、青年たちにも共通した心理構造になっている。

5　自己直視から自我分裂へ

このような自我分裂は、実際にはモラトリアム状態におかれて、既成社会に依存しているにもかかわらず、その依存を否認し、本当に自立していないにもかかわらず全能感を抱いて自立への欲求を欠如するという、現代青年の普遍的な心理傾向を生み出している。旧来であれば、当然「甘え」とみなされるような依存状態におかれながら、本人は少しもその「甘え」の心理を自覚していない。そのために彼らに顕著なのは、実際には親や先輩に依存している未熟な自分と、空想の中では自信過剰の自分の際立った分裂である。

6　自立への渇望から無意欲・しらけへ

以上の心理傾向に加えて、いわゆる中産階級意識の一般化、価値観の多様化、歴史的展望＝イデオロギーの不在といった社会状況が重なり合って、かつての古典的モラトリアム青年に特有な、大志を抱き、天下国家を論じ、イデオロギーを渇望し、これらの発見、獲得を通して、自立的な自我を確立してゆこうとする意欲は次第に失われている。「四無主義」とか「しらけ」といわれるように、何事にも積極的・恒久的な価値を見出すことができず、一時的・暫定的な眼前の事象との遊び的なかかわりしか知らない。気まぐれで気分屋で、自立への意欲を欠き、野心や理想や大志には縁がない。そのような青年心理が目立つようになった。しかしながら、以上述べた「古典的モラトリアム心理」の質的変化にもかかわらず、やはり彼らの社会的存在が、モラトリアムの心理構造の中におかれ、依然として彼らが「心理社会的モラトリアム」の状態におかれているのは、厳然たる事実である。

①まだいかなる職業的役割も獲得していない。②すべての社会的かかわりを暫定的・一時的なものとみなしている。③本当の自分はこれから先の未来に実現されるはずで、現在の自分は仮のものにすぎないと考えている。④すべての価値観、思想から自由で、どのような自己選択もこれから先に延期されている。⑤したがって、すべての社会的出来事に当事者意識をもたず、お客さま意識しかもとうとしない。

一言でいえば、「古典的なモラトリアム心理」の、青年たちにとって好都合な面はそのまま保存され、不都合な面は大幅に改善されたのが、「新しいモラトリアム心理」であり、この「新しいモラトリアム心理」を自分たちの生活感情や生き方にしているのが「モラトリアム人間」である。

青年期の延長とアイデンティティ拡散症状群

この新しいモラトリアム心理＝モラトリアム人間をさらに際立たせ、現代社会における青年問題をそれ自体、一つの現代人一般の社会問題たらしめる理由になっているのが、青年期の延長である。

かつては十二、三歳から二十二、三歳までとされていた青年期は、今や三十歳くらいにまで延長・遷延している、というのが、精神科医や心理学者たちの共通の見解である。つまり、暦年齢としては、二十五歳をすぎても、三十歳くらいまではモラトリアム状態にいると思い、まだそのようなあり方を保ちつづけようとする〝青年〟が目立つようになったのである。この事実に注目する米国の心理学者ケネス・ケニストンは、従来の青年期と成人期の間に十八歳から三十歳にかけてのユース（若者期）という新区分をおくことを提唱している。

この青年期の大幅の延長という社会現象もまた、古典的モラトリアム心理から新しいモラトリアム心理への質的な変化をもたらした種々の要因の産物である。これらの要因としては、高学歴社会、豊かな社会における中産階級意識の一般化、加速度化した社会変化などをあげることができるが、青年期の延長をもたらすさらに直接的な要因は、さしあたり、モラトリアム期間中に継承されるべき技術・知識の高度化による修得期間の長期化と、青年期＝モラトリアム時代の居心地のよさである。

旧来の社会秩序においては、モラトリアム期間がいちばん長いのは、研修医とか司法修習生などの、継承に特別な時間を要するもっとも専門的な知識・技能を要する職種であった。しかし、科学・技術が進歩するにつれて、長期のモラトリアムを必要とする分野がますます多くなり、その結果、この動向と居心地よさが相まって、モラトリアム状態をいつまでも際限なくつづけ、青年期に区切りをつけてオトナになることを嫌い、避ける万年青年が次第にふえるとともに、たとえ表面的には就職したり結婚したりしても、心の中では、依然としてモラトリアム心理を抱きつづける〝青年〟が目立ちはじめたのである。

そもそもモラトリアムとは、その古典的図式からいえば、青年が青年期に決着をつけて成人《おとな》になるための準備期間であった。このモラトリアムを終えた青年は、最終的には、職業選択、配偶者の選択、生き方などについて、オトナとしての自己選択を行い、既存社会・組織の中に一定の位置づけを得なければならない。ところが、この最終的な決着、ふんぎりのつかぬ青年たちがふえはじめたのである。

大学で何回も留年をくり返して卒業を延期し、就職によって特定の社会組織にとりこまれ、サラリーマンとして自分を限定してしまうことにささやかな抵抗をつづける留年学生。大学院生になって、いつまでも博士論文を書かぬ青年たち。しかも、このモラトリアム延長の願望は、表面的には、社会人になったようにみえる若いサラリーマンの内面の潜在心理にも広く見出され、この種の自己限定の回避・延期心理を実社会の中に持ち込む〝青年〟が、多数派になりはじめている。たとえば、みんなが入るのでただ何となく入社したため、いざ入社して社会組織の一員としての風当りが予想以上に強く、どうしても自分のすべてを賭けないでは仕事にならない局面を迎えるや、にわかに不安状態に陥る、といった青年社員。「何とかして会社の中の〝お客さま〟でいたかったのだけれど……」と彼らは訴える。

このような青年期＝モラトリアムの延長に伴う、種々の心理学的問題を一九五〇年代にいち早く指摘したのが、かのエリクソンである。ただし、エリクソンは、正常な〝青年〟についてではなく、何らかの精神障害のために、いわば受身的に、青年期後期に訣別することができないまま、ずるずるとモラトリアム状態をつづけてしまう人々に特有な精神病理学的状態としての「アイデンティティ拡散症状群」について記載したのである。

「アイデンティティ拡散症状群」とは、青年期に決着をつけ、オトナ社会に自己を位置づけ、限定することによって確立されるべきアイデンティティ＝自己限定＝社会的自己定義が、何らかの理由でできないために生じる青年期後期に特有な自己拡散状態のことである。

①「自分は……である」という社会的自己（アイデンティティ）の選択を回避し、際限なくその選択を延期する心理状態にとりつかれ、②過剰な自意識にふけり、全能で完全な無限の自分を夢見るので、有限で相対的なすべての〝現実〟が自分にふさわしいものとは思えなくなってしまう。③すべてが一時的・暫定的なものとしてしか体験できない。④時間的な見通しを失い、生活全体の緩慢化や無気力化を来す。⑤人と人の親密なかかわりを避ける。⑥いかなる組織にも帰属

することを恐れる。⑦既存社会にのみこまれることへの不安が強い。

この精神病理現象としての「アイデンティティ拡散症状群」は、一定の精神障害が慢性化したために、モラトリアム状態から脱出して、社会的人間になることに挫折し、いつまでもモラトリアム状態にとどまらざるを得ない青年たちにみられる心的な徴候を意味していた。ひとたびこの拡散状態に陥ると、本来は手段であった準備状態としてのモラトリアムが現実そのものと化し、結果的には、あたかもそれ自体が目的ででもあるかのような、病的な心理状態が成立してしまうのである。

ところが、エリクソンが一つの精神病理現象として描き出した、この「アイデンティティの拡散」は、一九六〇年代以降には、精神病理学者や精神分析学者から〝正常な〟現代青年に特有なモラトリアムの延長心理とみなされるようになった。つまり、それは精神障害による精神病理現象としてでなく、むしろ普遍的な社会心理現象として、観察されるようになったのである。

わが国で一九五〇年代から現在に至るまで、エリクソン以来の精神分析・精神病理学の認識をたどってきた私は、現代青年の精神病理からその心理特性の観察と理解へ、やがては現代人一般の心理特性＝「モラトリアム人間」の把握へと向う方法論をおのずから身につけることになったのであるが、本章はこの方法論にもとづいた考察である。

社会的性格としてのモラトリアム人間

相反併存する二つの心理社会構造

現代人一般の社会的性格として「モラトリアム人間」をとらえるには、現代社会の際立った特徴であるモラトリアム社会の心理構造と競争・管理社会の心理構造という互いに相反する二つの世界の同時的共存に目を向けねばならない。極端なほどの平和主義＝モラトリアム状態＝価値観の多様化と、熾烈な競争社会＝徹底した管理社会体制＝価値観の画一化。この相反併存を、しばしばわれわれは、その人生周期《ライフ・サイクル》の時間的過程における二つの心理社会構造の一方から他方へ、他方から一方への移行の形で経験する。その最たるものは、高学歴社会における大学入学までの過酷な進学競争と、大学時代の平和なモラトリアム（猶予期間）の、あの異様な対照である。

その状況の中で、前述のアイデンティティ拡散型の青年は、大学に入学してしばらくすると早くもあらわれてくる。五月危機のような一時的反応にはじまり、ついには無気力や意欲の減退が慢性化して授業に出てこなかったり、留年をつづける学生たちである。彼らは「スチューデント・アパシー」ともよばれる。そしてこのスチューデント・アパシーが、少なくとも大学生に関するかぎり、大学入学までの中学・高校時代におけるあの熾烈な受験戦争に対する一種の反動という側面をもつのはたしかである。それまで受験競争の渦中にいて、受験進学以外の価値観に目を向けるゆとり（モラトリアム）が全く与えられないままでいた彼らは、突然、そのような競争社会から、居心地のよいモラトリアム状態に移り住むや、社会的な枠組に対する現実感を失い、決められた社会コースに対する積極意欲を失う。

そして大学新入生たちは、異口同音に、せめて高校時代にモラトリアムが欲しかった、という。将来の人生コースの選択につながる進学方針の決定についても、自分自身の内面的な欲求や自分にふさわしい人生設計を十分に、自由に吟味するゆとりは与えられない。進学戦術だけで大事な一生の進路が決まってしまう、と嘆く。ただひたすら、受験・進学体制に順応し、受験競争に勝利を得ることとしか眼中にない画一的な価値観を半ば強制的に身につけさせられた彼らには、その目的を達成したそれ以後の人生をどう生きるかはあいまいであり、新しい意欲を燃やすべき自我は空っぽである。このような自我の真空状態におちこむのは、実は必ずしも大学生活の中だけではない。とくに最近は、ようやくのことで一流企業のエリート・コースに就職することができ、一流校への受験・進学、一流会社への就職の闘いが一段落したところで、サラリーマン・アパシーに陥る青年が目立ちはじめた。

ところで、これらモラトリアムの真空状態に自己を見失ったアパシー型青年と、むしろこの真空状態を楽しみ、その居心地のよさから脱け出せない卒業延期型の青年とは、一見対照的な自我心理の持ち主のようにみえる。しかしながらいずれの場合にも、より広い視野からみると、同じように競争・管理社会とモラトリアム社会という、相反する二つの心理社会構造における二つの自我の統合の破綻がみられる。いや、さらに深く彼ら一人一人の心理をあえて探るならば、競争・管理社会が自明のものとして強制する既定のコースに盲目的に組み込まれ、その一員として自分が限定されてしまうことへの消極的な抵抗が見出されるケースが多い。

たとえば、彼らの無意欲が決して日常生活全般にわたるものではなく、大学の正規の授業とか、会社への出勤に関してだけに限られ、その一方では喫茶店のアルバイトに精を出したり、のんびりと旅行を楽しんだりする事実は、この抵抗心理を裏書きしている。つまり、この視点から現代社会をみると、モラトリアム状態＝過保護と、競争・管理社会＝無保護という、全く相反する価値志向によって方向づけられる二つの心理社会構造の尖鋭な対立が目につくのである。

ただしこの二つの心理社会構造は、空間的に併存しているが、決して等価ではない。画一化された価値観に支配されるはげしい競争社会、商品を生産し、売り込み、政策を立案し、実行する管理社会が、実社会を動かす〝主体〟であり〝現実〟であるのに対して、消費者、お客さま的存在、そして競争からおりた人々、実社会の動きから落ちこぼれた人々からなるモラトリアム社会は、常に一歩〝現実〟から隔った、〝非現実〟の世界である。つまり、現実の世界の中では、当然後者は現実の世界の主体である前者に依存し、前者から与えられ、保護されてはじめてその心理社会構造を保つことができる。

したがって「働かざるものは食うべからず」を基本的価値観とする旧来の社会であれば、当然前者が重んじられ、その現実の世界における適者、責任者、成功者、当事者になることが「期待される人間像」であった。しかも、この当事者側の価値観が社会全体を支配し、人々の心の世界でも優位を占めていたのである。ところが、今や現代社会では、旧来の社会であれば軽んじられていたはずのお客さま的存在の生活感情や生き方が、マスコミに代表される観念・映像の心の世界では、むしろ優位なものにイメージ化される。そしてこの新しい心理傾向が、いつの間にか人人の心に定着し、日常化している。現代人の心の世界におけるこの価値観の変容は、現代青年における「古典的モラトリアム心理」の「新しいモラトリアム心理」への質的変化と軌を一にするものであって、まさに現代は、相反併存する心理社会構造のうち、モラトリアム構造の方に、よりよいイメージが描かれ、モラトリアム的状態におかれる人々の権利の尊重が謳われる点に特徴のある時代である。

無党派・無帰属のモラトリアム人間たち

現代社会のこの相反併存する二つの心理社会構造のいずれに身をおくかによって、大別して二つの人間のタイプが見出される。

その一つは、自己の社会的存在そのものがいかなる党派・組織にも帰属せず、社会の中でモラトリアム的な状態に身をおいている人々。もう一つは、何らかの管理社会体制＝組織に帰属し、その中に明確な位置づけをもち、表面的には適応・同調型の生き方をする人々である。

この第一の無党派・無帰属の人々としては、今まで述べてきた「新しいモラトリアム心理」を享受する若者たちや、青年期延長型の万年〝青年〟たちがその原型であるのはもちろんであるが、さらに、結婚までの猶予期間を楽しむＯＬたち、企業組織に組み込まれるのを自分から嫌うか、入ろうとしてもその場のない、さまざまの自由業にたずさわる人々、実社会に何の役割も帰属組織ももたない家庭婦人たち、いわゆるニュー・ファミリーとよばれる青年期延長型の夫婦、定年退職後の老年世代の人々、社会福祉の対象となるさまざまな種類の人々をあげることができる。そしてこれらの人々をさらに区分すると、老齢者の場合のように、やむを得ず受身的にその立場におかれるか、自分自身モラトリアムの心理構造を確保しつづけようと、いわば能動的にその立場をとるか、の二つのタイプがある。しかし、いずれにせよ、これらの人々の場合には、その社会的存在そのものが心理社会的な猶予構造を形づくっている。

第二の組織帰属型、権力志向型、適応・同調型の人々は、管理者、経営者、官僚、特定企業組織にその身のおき場を得、組合などの集団的組織の一員であるサラリーマン、勤労者、今もなお家族構造が強固で、地域社会と地縁・血縁によって強く結びついている家庭婦人といった人々である。

つまりこのような見地からみると、社会変動の進行とともに、旧来の社会秩序を支えてきたいくつもの基本的な境界が次第にあいまい化し、アノミイ（混沌状況）化が進む。そのプロセスの中から、はじめは潜在的に、やがてはより顕わに、組織帰属型の人間と無帰属型の人間といった、より新たな社会心理的境界が、少なくとも生活感情や暮し方の次元では次第にできあがっているようにみえる。換言すれば、かつて社会的人間とは帰属型の人間を意味し、無帰属型人間は実社会から落ちこぼれた困り者とみなされていたが、今や後者が前者と同等、いや時には優位の立場に立って、新しいタイプの社会的人間としての自己を主張しはじめている点に、現代社会の心理的特質がみられるのではなかろうか。

そこであえて、この無党派・無帰属型の人々の心理傾向を図式化して述べるならば、概要は次のようである。

彼らは、実社会に対して直接行使すべき実権をもたないだけでなく、実社会の主体であるいずれの社会組織にも帰属感をもたない。私的な自分は最高に肥大し、公的な自分は最低のものである。本当の自分は私的なものであって、形式的に規定された社会的な自分は、仮の存在、一時的・暫定的なものにすぎない。自分のおかれている社会的現実には心的な距離＝隔たりがあり、そこには主体的にかかわっていないし、かかわるほどの積極的な力も関心も乏しい。実社会の流れに能動的にかかわらないだけに、長期的な見通しを欠き、その時その時の一時的・暫定的なかかわりを優先する気分派である。世の中の出来事に当事者意識をもたぬお客さま的存在であり、生産者であるよりは消費者である。余暇がありながら、実社会との直接的接触が限られているために、マス・メディアのもっともよきお客さまであり、それだけに評論家的存在である。一貫したイデオロギーよりは、生活感覚や主観的心情を重んじる。権力や地位よりも、ヒューマンな優しさを大切にする。つまりこれらの人々もまた、その社会的存在がもたらすモラトリアム的心理構造におかれるために、現代青年が享受する「新しいモラトリアム心理」と共通の心理傾向を身につけはじめているのである。

しかも、旧来の社会であれば、あのチャップリン映画の登場人物のように、疎外され、落ちこぼれた存在としてのひけ目や自己不全感から、何とかして実社会の流れに参加し、社会組織の中に身のおき場をつくろうと努力し、もがき、失意するのが、これらの無帰属型の人々の古典的心理であった。しかし、現代社会では、このような根無し草的な自己の存在を逆に肯定し、そのような自己のあり方を公然と主張しようとする点にも、青年たちの「新しいモラトリアム心理」との共通性が見出される。

人権尊重、言論の自由をタテマエとする民主主義の中での豊かな社会の出現は、旧社会であればこれらの人々を見舞ったであろう貧困・窮乏の程度を大幅に緩和した。実社会に対しそのような局外者でいながらも、中産階級意識を保ちやすくなった。生産者に対する消費者の地位が向上し、文字通り「お客さまは神様」になり、これらの人々の消費者としての存在意義が急上昇した。人々がひとたびデパート、ホテルに行けば、最敬礼して迎えてくれる。しかも人々はすべて、マスコミから、たとえ言葉の上だけにせよ、視聴者＝お客さまとして大切にされる。それればかりでなく、消費社会の仲介役であるマスコミは、モラトリアム人間たちの消費的性格を、CMはもちろん、さまざまな方法によって積極的に美化することを通して、彼らのお客さま意識を助長し、促進する。

その上、価値観が多様化し余暇・遊びが優位な価値づけを与えられる現代社会では、たとえ世の中で実権がなくても、余暇が得やすく、多様な価値観に気軽にかかわることのできる自由のきく立場の方がより望ましく、より優雅である、という生活感情が、次第に人々の心にしみこんでいる。競争社会が実社会であり、われわれの〝現実〟であるにもかかわらず、お互いの競争とお互いの攻撃を意識の中だけでは否定する平和主義が現代社会の支配的理念である以上、これらの無帰属型の人々こそ、この大理念の忠実な体現者である。

つまり、このような無帰属型の人間たちは、資本家と労働者、教師と学生、親と子、男性と女性、成人と青年といった、旧秩序における既存の社会心理的境界を超えた社会的存在になろうとしている。管理社会＝組織の内にいる者と外にいる者、生産する者と消費する者、実社会に根を下している者と根のない者。このような新しい社会心理的境界の一方の人間としての無帰属型人間たち――これを社会的存在というにはあまりに未組織であり、集団というにはあまりにばらばらで、連帯も、共通のイデオロギーももってはいないが――彼らは、今後どのような自己表現の道を公共の場に見出すのであろうか。

おそらく、彼らのモラトリアム人間心理は、さしあたりはまだ心理的次元のものにとどまり、その本来の成り立ちからみても、少なくとも当面の間、実質的な政治勢力などにはならないであろう。それにしても、一つの社会心理現象としては、無党派市民の連合を謳う動きが表に立ちあらわれた一九七七年七月の参議院選運動には、すでにこの自己表現の徴候がみられた。これらの無帰属型人間たちは、世の中の権力志向的な動きに対する潜在的な対抗勢力になりはじめているのである。

そして最近の社会的事象をこの観点からみると、競争・管理社会の側に立つ実力者の人々、組織帰属型の人間たちにとっても、無帰属型の人間が次第に無視することのできぬ存在権を獲得しはじめた事実を端的に物語るものが多い。たとえば同じ体制実力型の人々の中でも、いわゆるハト派的な人々は、自分自身の心の中にも、これらの無帰属型人間があらわすモラトリアム人間心理を見出し、理解ある心情と、ものわかりのよさを示す。ウチワでは、無帰属型人間たちをお客さま的だと非難するタカ派的な人々といえども、この現代社会の中で何らかの社会的な事業を達成しようとするかぎり、モラトリアム人間心理を尊重するポーズをとり、時には自分もまたそのような人間であるかのような姿勢をとらざるを得ない。すでにそのような社会状況が成立している。

たとえば〝ジーンズ〟は、性別、人種、職種、年齢、時と所など、服装に関する旧来のきまりにとらわれぬ自由な若者文化的心性の象徴である。ところが、最高権力者たろうとする中年男の大統領候補カーター氏は、このジーンズ姿でイメージづくりをした。日本でもジーンズ・スタイルとワンセットになっているTシャツを、保守から革新に至るまでのどの政党も選挙運動における象徴《シンボル》にした。つまり、これらの現実人間たちは、「モラトリアム人間」へのアピールを意図してこのようなイメージ操作を行ったのであるが、実はこの動向は、すでに「モラトリアム人間」が、現代社会のあらゆる階層の人々の「心の世界」に次第に浸透し、汎化し、やがては一つの社会的性格になろうとしている事実を端的に物語っているのである。

組織帰属型人間たちの「内なるモラトリアム人間」

さて私が本章で一貫してたどってきた方法論に従って、これから先の論議を進めるためには、ここで成人の青年化＝モラトリアム人間化について語らねばならない。なぜならば、青年期の延長との相互作用を通して、逆に成人の側が青年化するという心理現象がおこり、この変化が現代人一般のモラトリアム人間化を促進しているからである。

ただしこの場合の「成人」とは、一定の社会組織の中に自己を位置づけ、帰属意識の明確な、いわゆるオトナの人々を意味している。そしてすでに述べた、管理社会の心理社会構造とモラトリアムの心理社会構造の対立という図式からこれをみるならば、当然この「成人」は、前者に属する。つまり「成人の青年化」は、同時に「組織帰属型人間のモラトリアム人間化」と表裏の関係にある。そこで私は、この二つの心理過程をさしあたり同一のものとみなして、以下の考察を進める。もちろんこのような組織帰属型の成人たちは、少なくとも形式の上では、管理社会の中でその役割を果し、本人たちの意識面では、権力志向型、適応・同調型の価値志向を所有している場合が多い。しかしそれにもかかわらず、彼らの役割のとり方、無意識のうちに自分たちの行動原理とする物事の感じ方や考え方には、意外にも「モラトリアム人間」が潜んでいる。そして、この「モラトリアム心理」がいかにして組織帰属型人間たちの内面にさえも力をふるうようになったかの経緯を述べることは、とりもなおさず現代管理社会の心理構造そのものが、実はすでに、「モラトリアム人間」を生み出す心理作用を内に含んでいるという事実をあきらかにすることにほかならない。

1　管理社会構造から生まれるモラトリアム心理

①一時的・暫定的なあり方

第一にあげねばならないのは、社会変容の急速さゆえに、多くの人々が、特定の専門技能や役割を、そして仕事に結びついた一定の価値観を、自分自身の職業アイデンティティとして確立しがたい状況である。その結果、彼らは常に変化を予期し、それに順応する心理を身につけねばならない。しかも企業組織側は、技術革新の速さや、国際的・国内的状況の動向に柔軟に適応するために、組織内のメンバーにもこのような変化に対応する能力をたえず要求せざるを得ない。

頻繁におこる配置転換がそのもっとも具体的なあらわれであるが、その結果人々は、どの仕事、どの職場、どの対人関係にも常に一時的にかかわり、常に待機の姿勢を内に秘める暫定的な存在としての自己イメージを保たねばならない。この心理状況は、皮肉にも、権力志向型、同調・適応型の、一見モラトリアム人間とは対照的な価値観を抱いてエリート・コースに生き残ろうとすればするほど、おこりやすい。たとえば同一職場で一〇年以上つとめているのはハイミスのＯＬ

だけで、配置転換の頻繁なエリート型社員が、本来は無帰属型人間であったはずのハイミスにその職場の慣例を教わるといった事態がしばしば生じることになる。そして、このような一時的・暫定的なあり方が慢性的につづくうちに、いつの間にか身につくのは、積極的な自己主張を控え、自己選択・自己限定を先へ先へと延ばして、常に待機の姿勢をとるモラトリアム心理である。

②責任の拡散

このような一時的・暫定的なあり方は、管理社会が、個々のメンバーによる権限の私物化を予防する目的ともおのずから合致している。みんなの意見を尊重して物事を決める自由な発言方式の会議もまた、同様の目的をもつが、それと同時に、このような権限の分散は必然的に責任の所在の分散、あいまい化をひきおこしている。つまり権限も責任も、運営組織や運営機構にあって、各メンバー個々人にない、という仕組。少なくともそのようなタテマエで事を運ぶのが管理社会へのよき適応である。少なくとも権限の私物化＝権力化を避け、責任を回避しているかのようなポーズをとる方が、人々からの受けがよく、信用も高くなるが、この半人前意識の肯定・許容もまた、モラトリアム心理とその質を同じくしている。

③常に待つ存在であること

管理社会では、一定の昇進コースがあって、年功序列か、実力本位か、いずれにせよそのメンバーは常に、現在の自分を、本当の自分とは考えていない。つまり彼らは、将来の自分を心に描いて現在の自分は仮の姿とみなしている。三十歳代では、その管理組織内の地位や身分の上昇という枠組の中で、四十歳代半ばを過ぎると、早くも定年後、ひいては老後の自分という枠組の中で、常に将来の自分を先取りし、そのような自分の到来を待つ存在である。現在の営みは、これからの自分を待つ準備期間である。ところが、現代の管理社会では、待つ存在でありながら、しかも一定の年代になると、先がわかってしまう人々が次第に多くなってきた。そうなれば、もはや戦前派の鬱病型人間のように管理社会に同一化し、滅私奉公の中に生き甲斐を感じ献身的になるわけにはゆかない。つまりこの状況は、現代の若者たちの、そして青年期延長型青年たちの「しらけ」や「四無主義」にも共通するモラトリアム心理である。

④管理――保護される構造

以上述べたような心理傾向を身につけてその中で暮していくならば、管理社会は、そのメンバーに適度な保護を与え、たとえ病気や失敗があっても、比較的寛容に一定の猶予期間を提供してくれる。つまり、一定のきまりを守り、主体的な自己主張を控え、重大な責任を背負いこむ羽目に陥りさえしなければ、毎日は安全にすごすことができる。当面の生活は保障され、適度の欲求の満足も得ることができる。あまりに深くかかわりすぎず、特定派閥、党派の抗争にまきこまれることもなく、表面的な協調と平和を保ちつづけることができれば、めでたく任期を全うすることができる。つまり、その組織社会の中でのお客さま的存在を全うすることがもっともよい適応方式である。まさにこの事実は、管理社会の心理構造そのものが、実はモラトリアムの心理構造ときわめてよく一致する心理作用を、その中の人々に及ぼすことを示している。

2　各社会局面にみられる責任回避の心理

以上述べた管理社会それ自体の心理社会構造に由来するモラトリアム心理は、広く現代社会のさまざまの局面で観察することができる。

たとえば、マスコミからの印象で判断すると、元首相の田中角栄氏は、今述べたような管理社会に潜在するモラトリアム心理になじみのない〝実力者〟そのものでありすぎたために失脚し、前首相の三木武夫氏は、自民党内のモラトリアム的存在であったために、体制内にありながらも、管理社会から外れたモラトリアム人間たちにハト派的な共感を示して〝実力者〟田中氏批判の主役となり、モラトリアム人間心理のよき味方であるマスコミと手を結ぶことができた。そしてエリート官僚出身の現首相福田赳夫氏は、どうやら今ここに述べた管理社会人間の「内なるモラトリアム心理」をもっともよく身につけた代表的存在のようにみえる。つまりその発言はどことなくあいまいで、どこまでが福田氏自身の主張なのかよくわからない。その背後に働くさまざまの力関係をただ自分は表現しているにすぎないという印象がある。その意見もまた、今はそうだが情勢次第では変るかもしれないという含みを感じさせる。そしておそらくこのような氏の姿勢が、表面不人気でありながら意外に管理社会の実力者たちから信望を得ている心理的理由なのではなかろうか。しかしそれだけに、大過なく無事に任期満了まで首相の座にいることそれ自体が目的なのではないか、といった不安を抱く人々も少なくないようである。

そして、同様の心理傾向が、政治の世界のみならず、官庁、会社、労働組合、学校、病院などあらゆる分野の組織でみられる。組織が巨大化すればするほどその最高責任者も、やとわれ社長化し、絶対の権力をもつことができない。いやむしろ、最高の権限をもつはずの社長はお客さま的存在で、その責任は分散し、社長の座は任期全うするまでの一時的・暫定的な椅子である、という場合も少なくない。会議によって何か物事が決定されるのも、会議によってであるがゆえに誰の責任でもなく、みんなの責任であるが、同時にこれは、誰の責任でもない、という暗黙の心理を含んでいる。

3　モラトリアム心理の「社会的性格」化

以上述べた組織帰属型人間たちの内なるモラトリアム心理は、次の二つの要因によってさらに強化される。

第一の要因は、若者文化や無帰属型人間たちのモラトリアム心理との相互作用である。この相互作用によって組織帰属型人間たちは、「内なるモラトリアム心理」を「外にあるもの」として発見し、確認し、逆に模倣することになる。

現代社会では、社会の変動がスピードアップされればされるほど「新しいもの」の発見とそのスピーディな習得が必須となり、成人から青年へという伝承の機能が低下し、その反対に青年から成人へという逆伝達の機能が高まってゆく。そして成人たちと青年たちとの「モラトリアム人間」化をめぐる相互作用にも、この一般法則がそのままあてはまる。すでにこの原状況は、あの大学紛争の状況の中で多数の大学教師たちが身をもって経験したことである。成人たちの「内なるモラトリアム心理」は、同様の心理を自己の社会的存在そのものによって外在化している青年たちとの相互作用の中でより顕わなものになってゆく。そもそも彼らが内面に抱くモラトリアム心理は、旧来の社会秩序の価値体系からみると、決して望ましく好ましい人間像ではなかった。たかだか官僚社会をうまく立ち廻る要領とか、処世術として暗黙のうちに身につける類のものであった。ところが、今やこのモラトリアム心理は、本章で検討してきたように、青年をはじめ、社会のあらゆる階層に共有される、より普遍的な心理傾向になっている。しかもそれは、青年たちによって先取りされ、一つの新しい生き方として自己主張されている。

したがって成人たちがモラトリアム人間化するその心理過程は、これらのモラトリアム人間たちを成人が非難し、憤慨することからはじまる。しかし、やがては、そのような生き方や生活感情が、現代社会に生きる上で、もはや抑圧することのできぬ新しい適応方式になっている事実を認め、成人もまた、その生き方を身につけてしまうところで終結する。成人は、自分自身もまたそのようなお客さま的な生き方を、無意識のうちにもっていることに気づき、その適応方式としての有効さを身をもって悟るようになるからである。そして今や現代社会では、青年とのこのような相互作用を通して自己を青年に同一化することができ、その同一化を介して「新しいもの」を学びとることのできる能力、そのような能力をもつことこそ、成人がよき指導者・管理者たり得る基本条件である。

第二の要因は、現代社会における生産者は同時に消費者であり、勤労者は同時に余暇を享受する存在であるという、その二重性格に由来している。つまり、現代社会のすべての人間は、この社会の中で暮すかぎり、商品の消費者であり、何らかの社会局面でお客さまである。

そして、人々が生きる楽しみとして行うあらゆる営みは、すべて何らかの商品の消費者になることを意味している。そして管理社会の中での仕事や人間関係が、自我の拡散したモラトリアム心理の場になればなるほど、人々は旧社会秩序の中で人間性の回復として意義づけられていた古典的価値の多くを失い、人間性の回復を組織生活の外に求めようとする。しかもこの管理組織の外の世界で彼らが人間性の回復に成功する道は、きわめて限られている。そのもっとも容易かつ一般的な道は、消費的行動による心の世界の中でのその幻想的な回復である。そしてこの消費的行動による自己回復に生き甲斐を見出せば見出すほど、人々は、消費志向的な無帰属型人間になってゆく。

たとえば旧秩序の中では、一つの組織であり、地域共同体に根を下していた家族も、核家族化されてその組織性を失い、都市化現象は、地域共同体（組織）からの根こぎをひきおこし、家族・地域への帰属意識は稀薄化している。つまり、組織帰属型人間の夫や父親が、人間性の回復を求めて家族にかかわればかかわるほど、彼らはすでに無帰属型人間になっている家族たちの心理傾向に同一化せざるを得なくなってゆく。しかも、人間性の回復を家族との生活に求める場合、人間的な欲求満足の得られる家族との営みのほとんどが、何らかの形で、本人と家族を〝消費者〟にすることを意味する点に、現代社会の特質があるということができよう。

旅行であれ、デパートでの買い物であれ、映画鑑賞であれ、いずれも消費行動であり、気楽で気分本位な暫定的・一時的なかかわりである。〃本当の自分〃を賭ける必要のない遊びである。そして、人々は、その営みの中で解放感を味わい、お客さま気分を楽しみ、このお客さま気分が自己評価を高め、人間的な満足感を誘う。

そしてもし、現実の世界での生産者・勤労者である組織帰属型人間が、この消費者＝お客さまとしての自分の方を、より高く評価するようになると、心の世界の中の彼らは、次第に無帰属型人間のそれに近づいてゆく。しかも彼との営みを共にする妻、子どもは、多くの場合、彼以上に無帰属型、消費志向型の心理傾向を身につけ、消費的な自分に自己価値を見出している。つまり、消費行動の世界は、生産者・勤労者よりも、その社会的存在そのものが消費者である子ども、若者、女性の優位な世界である。

そこで、組織帰属型人間たちは、組織から解放され「個」に立ち返り、人間性の回復＝自己実現を求めれば求めるほど、この消費行動の世界への適応を余儀なくされ、若者、女性の生活感情に従い、彼らに自己を同一化させねばならない。つまり、この組織帰属型人間と家族との相互作用は、成人の青年化と同様の心理過程である。そしていつの間にか彼らは、現実の世界では管理社会の中で働き、競争社会で闘いながら、心の世界ではモラトリアム心理を身につけ、そのような人間の生き方を望ましく、好ましく思うようになる。このような同一化のうまくできない不器用な夫、父親は、いくら一生懸命働き、稼いでも、それだけでは家族から生活感情の面で疎外されざるを得ないし、人間性の回復もむずかしい。

現代社会のもの的な動向

本章でまず私は、旧社会秩序の中での「古典的モラトリアム心理」が、現代社会の動向に伴ってどのようにして「新しいモラトリアム心理」に変容し、若者文化の出現と青年期の延長という社会心理現象を生み出すに至ったか、その経緯をあきらかにした。そしてこの「新しいモラトリアム心理」を無帰属型人間たち、ひいては組織帰属型人間たちがどのようにして身につけてゆくか、その心理過程をたどってきた。そしてこの試みによって、とりもなおさず「モラトリアム心理」が、どのようにして現代人一般に共有される「社会的性格」になるに至ったのか、その理由をあきらかにすることができたように思う。

そこで私は、今まで述べてきたこの心理過程をつくり出している現代社会のもの的な動向を、一応次のように総括してみたいと思う。

1　高度経済成長に伴う豊かな社会化

そのゆとりは、猶予の心理社会構造が、社会のどの局面にも成立しやすい第一の基本条件になっている。

2　技術革新の加速度化、国際交流の活潑化に伴う一時的・暫定的社会の出現

すべてが一時的・暫定的なものと化し、たえず待機の姿勢でいなければならない。その結果、

「現在」は常に「未来」への予期によって規定され、待つ心理状態が恒常化する。この心理状態は、猶予を与えられている心理状態と、期せずして同一の心理作用をひきおこす。なぜならば、猶予そのものが実は未来を期待してはじめて成立する心理状態だからである。

3　都市化現象などに代表される旧秩序の解体と根こぎ

かつて人々の安定と社会的帰属感の拠り所となっていた家族、地域共同社会などの旧秩序の解体、それに伴う心理的根こぎ状態（無秩序《アノミィ》）の成立は、人々の社会的帰属意識を稀薄化し、人々を「個」中心の主観主義者につくりあげるとともに、流動・移動の可能性を高め、どこにいてもお客さま的存在にしかならない心理的条件をつくり出している。

4　マスコミによるモラトリアム心理の増幅作用

民主主義、言論の自由、人権尊重といった理念そのものが、右の1、2、3の基本条件から生まれる人々のお客さま的意識を肯定し、助長し、促進している。そして人々は、実社会から一歩距離をおいて、猶予を与えられることで成立しているマスコミに同一化し、評論家的意識を、実行者意識よりもより高く評価するようになる（「情報化社会の病理」参照）。

その上、これらの動向によってつくり出された心理傾向は、生産・労働より消費を優位におく消費志向、高学歴社会化、中産階級意識の一般化、といった幾多の二次的な社会要因によって、人々の社会意識の中で強化され、自我親和的なものに価値づけられる。

つまり「アイデンティティ拡散症状群」からはじまり、「スチューデント・アパシー」や青年の「しらけ」「四無主義」などの、精神病理現象の形であらわれるような、いわば受身的につくり出された否定的なモラトリアム心理を、以上述べたような経緯を経て、人々は次第に居心地よいものとして肯定し、積極的に意義づけ、ひいてはその存在権を公然と主張するようになり、最終的にはどの年齢、性別、職種、階層の人々も、「モラトリアム人間」を、むしろ望ましく好ましい人間のあり方として内在させることになった。つまり、モラトリアム人間は現代人一般の「社会的性格」になったのである。

モラトリアム国家としての日本

モラトリアム人間のサブタイプ

以上述べた「モラトリアム人間」を社会的性格とする現代人が、現実社会において、どのような社会行動をとるかは、それぞれが「内なるモラトリアム人間」に対してどのような態度をとるかによって決定される。

1　受身的なモラトリアム人間

モラトリアム人間を受身的にしか経験し得ない人々は、次の三型に大別される。

①社会的存在そのものが、スチューデント・アパシー型やアイデンティティ拡散症状群型にな

ってしまう無気力型人間。

②内面的には同様の無気力さを秘め、社会的な営みのすべてを「仮のもの」とみなしながら、それだけに表面的・形式的には、企業・官僚組織に帰属し、一定の社会的役割を果し、気分本位に周囲に同調してゆく同調型人間。

③自分自身が「モラトリアム人間」化している事実を否認し、旧秩序の価値観に固執し、競争社会の原理を信奉したり、管理組織への忠誠に生き甲斐を見出そうとしたりする古典型人間（一見、彼らは、「モラトリアム人間」と対照的な存在であるが、しばしば「内なるモラトリアム人間」を抑圧しきれなくなるような一定の状況、たとえば配置転換とか定年退職で、パニックや鬱病に陥る）。

2　モラトリアムを能動化するモラトリアム人間

モラトリアム人間に居直り、能動化し、むしろ進んでそれを肯定する人々は、次の三型に大別される。

①管理社会に抵抗し、社会的存在そのものを自分から「モラトリアム人間」化するヒッピー型人間（たとえばヒッピー。どこにも就職せず、自家製の仕事、手づくりの営みにたずさわり、管理社会にのみこまれることに抵抗する人々）。

②「モラトリアム人間」の消費的性格を楽しみ、遊び、ゆとり、気分本位、のんびり、優雅などの側面を自分の暮しの中心において肯定する消費型人間。

③「モラトリアム人間」であることを自己のアイデンティティとし、次から次へと自分をいろいろな生き方、考え方に同一化させて変身を遂げ、その過程で自己を実現してゆく自己実現型人間。別名「プロテウス的人間」ともよばれる。

3　脱モラトリアム型人間

内なるモラトリアム人間を否定するだけでなく、自分たちをそのような状態に追いこんでいるモラトリアムの心理社会構造を打破しようとする人間。

現代人一般の中での多数派は、同調型、古典型、消費型の人々であって、「モラトリアム人間」を身をもって体現する無気力型、ヒッピー型はむしろ少数派である。そのために、これらの多数派の人々は、自分自身の「内なるモラトリアム人間」についての自覚に乏しく、少数派の人々を、相変らず社会の落ちこぼれ人間としてとらえがちである。しかしながら現実には、すべての人々が、「内なるモラトリアム人間」にどのような態度をとるべきか、を問われているのが現代である。

たとえば、一九七七年七月の参議院選挙の例で考えてみよう。選挙のような場合には、当然、いわゆる組織票は、同調型、古典型の人々を、いわゆる浮動票は、消費型と同調型の一部の人々を中心にすることになる。そのために、どの既成政党も、すでに何らかの形で大衆の「内なるモラトリアム人間」によびかける戦術をとってはいるが、元来が旧秩序の価値観、とりわけ「働くこと」「生産すること」「同志との団結」「政党・組合組織への忠誠」などをバックボーンにする、今やもっとも典型的な古典型人間集団になった〝革新〟政党が、モラトリアム心理に居直るこれらの消費型人間の心をつかめないのは、やむを得ないことなのではなかろうか。むしろこの点では、自民党の方が、まだ消費者型イメージをそなえ、古典型、同調型に加えて消費型人間をも吸収する可能性をのこしているようにみえた。

さらにもう一つのより際立った特徴は、社会市民連合とか、革自連とか、無党派・無帰属の消費型人間たちの自己主張を代表しようとする企てが新しく出現した点にある。社会市民連合はモラトリアム型人間をも包括しようとした江田三郎氏による、古典型人間志向の革新政党の内部改造の挫折から生まれ、革自連は、むしろ、消費型の人々の生活感情を、ヒッピー型ないし自己実現型のモラトリアム人間が代表しようとする運動から出現したようにみえた。

そもそも、この自己実現型のモラトリアム人間、別名「プロテウス的人間」とは、米国の精神科医ロバート・J・リフトンが一九五〇年代に命名した、現代社会の新しい人間のスタイルのことである。ギリシャ神話の中のプロテウスは変幻自在で、恐しい大蛇、ライオン、竜、火、洪水など、何にでもなることができる神で、それになぞらえたプロテウス的人間は、プロテウスのように変幻自在である。あくまでも自分を一時的・暫定的な存在とみなし、次々に新しい仕事、職種、役割に同一化して変身を遂げてゆく。しかも彼らは、自己の人生の各段階におけるそれぞれの自分について、自己の能力を十分に発揮し、一定期間はその道での専門家・第一人者になる。しかし、それにもかかわらず、彼らはこの段階での自分を最終的な自分とは限定しない。最終的な自己選択を回避し、常により新たな自己実現の可能性をのこす。つまり、彼らは永久的にモラトリアムを保つと同時に、このモラトリアムに居直り、むしろそれ自身を自分のアイデンティティにする。プロテウス的人間は、アイデンティティの拡散を、むしろ積極的に肯定し、暫定的・一時的な社会的存在であること自体を新しいアイデンティティとして自己を実現してゆく人間である。

たとえばプロテウス的人間は、ある時は、米国的な生活様式に同一化した流行の尖端をゆく消費的な青年の生き方をし、ある時は、反米的なニュー・レフト運動に熱中して毛沢東主義に心酔し、次にはケロリと一流会社に就職して、エコノミック・アニマルの先陣をうけたまわり、東南アジアでその才腕をふるうセールスマンとなってナショナリズム的な日本人意識に目ざめる、という具合に、次から次へと、自分をいろいろな生き方、考え方に同一化させることで、自分を発揮させてゆく。つまり、彼は民主主義者でもなければ、ニュー・レフト運動家でもなく、ナショナリストでもなければ、マルクス主義者でもない。まさに彼はプロテウスなのである。

旧来の価値観からみれば本当の自分がなくて、いつも、何か、その時その時の生き方、考え方、人間像に同一化して、あたかも民主主義者であるかのように振舞い、ニュー・レフトの革命家のように振舞いながらも、その人間の核心は、そのどれでもない。いつも「……であるかの如く」生きているだけで、永遠に「……である」という意識に達しない。旧来であれば、このタイプの人間はこう非難されたであろう。これでは永遠の青年であって、いつになっても社会的にオトナにならない、まことに観念的で無責任な人間である、遊びか冒険としてのディレッタント的人生しかもてはしない、と。

たしかにかつてこのタイプの人間は、むしろ意志薄弱型青年に多くみられ、とてもものにならないと考えられていたのであるが、今やこのプロテウス的人間が現代の適者になろうとしているのである。いやむしろ、プロテウス的人間としての資質がなければ、とてもこの変動社会を生き抜いてゆくことはできない。一人の人間の人生周期《ライフ・サイクル》一つをとりあげても、高年齢社会に生きる人人は、同一人物がいくつかの時代を人生の各年代で次々に経験し、そのたびに古い自分を棄て、新しい自分の生き方、価値観、社会的役割を身につけ、自己を変身させねばならない。

たとえば、マスコミで活躍する多くのヒーローたちは、作家であれ、芸術家であれ、俳優であれ、テレビタレントであれ、いずれも、いくつかの役割をこなすことができねばならないし、それができる才能を期待されている。これは、現代社会に対する人間の潜在的な適応の仕方を顕在的な形であらわしているといえるであろう。

しかし、プロテウス的人間たろうとすることは、時には危険も伴う。新しい変身に失敗したら、元に戻っても古い自分はもはやダメということもおこる。表面的には多様な自分を使いこなしているようにみえても、結局は自我＝役割の拡散状態に陥るおそれがある。プロテウスたるためには、いくつかの局面で十分にこの自己を実現することのできる並外れた能力が必要である。

モラトリアム国家日本と反モラトリアム人間

今まで私は、欧米諸国にもわが国にも共通した先進産業社会における心理社会的「モラトリアム人間」が、一つの社会的性格になるその経緯を述べてきた。ひるがえって、戦後のわが国をふり返ってみると、平和国家日本の今日の繁栄は、戦後の国際社会の中で、国家的なモラトリアムの時代を経過してきたその成果である、ということもできる。

エリクソンは、イスラエルが一個の民族国家として確立するに先立ってシオニズムとキブツ運動の推進者たちが経験したトルコ支配のオットマン帝国の時代、それにつづく英国統治下のパレスチナ時代が、いわばイスラエル建国にとって「歴史的モラトリアム」の意義をもっていたと述べているが、戦後の安保体制下の平和国家としてのわが国は、また別な意味での一つの歴史的モラトリアムの時代を経験してきた。

この観点からみると、先進国一般にみられるモラトリアム人間心理に加えて、わが国に特有な、歴史的・国家的モラトリアム状況もまた、われわれの社会的性格を形成する上での一大要因になっているようにみえる。

一般に平和な安定した時代には、その社会の心理社会構造としてのモラトリアムも安定し、強固なものになるが、たまたまその社会が戦争とか、革命とかの変動期にあって、既存体制が解体もしくは弱体化する時には、モラトリアムの心理構造にも裂け目が生じる。青年はこの裂け目を突破口にして現実社会に参加しやすく、比較的容易に一人前になるチャンスが到来する。戦国時代、明治維新、そして太平洋戦争期と敗戦直後の混乱期。これらの動乱期は、社会秩序の弱化に伴うモラトリアム構造の瓦解をもたらしたが、それだけに青年たちは、比較的容易にモラトリアムぬきで一人前になれた。青年たちは、動乱期ゆえに、大いにその実力をふるう好機を見出し、早熟な実力者が生まれた。たとえば、古くは豊臣秀吉、近くは明治維新の元勲たち、そして戦後の混乱のさなか、あの「飢餓海峡」的な時代にモラトリアムなしで社会の実権をにぎったロッキード事件の主役たち。

「モラトリアム人間」の対極をなす、これらの「モラトリアムなし人間」の特徴は、早くから世に出ての立身出世、苦学力行、いつも身体を張っての実社会での闘いの連続などであるが、それだけに彼らは、既存社会と対峙しながら将来の大成にそなえ、成熟した内面的自我を養う機会に恵まれないまま社会人になるおそれがある。

モラトリアム期間中の禁欲訓練を通しての人格の内面的な成熟が不足したまま現実社会に参加するので、弱肉強食の原理の信奉者になる。それだけに社会での適者、強者にはなるが、眼前の世界を超えた理念や道義＝タテマエの世界に関心の薄い現実主義者になる。いわゆる立志伝的人物にしばしばみられるこのような心理傾向は、国家、社会、会社は自分がつくり上げたものという自負心を生み、歴史、国家、社会、会社を自分の思うままに支配してもいいという、権力の私物化も生じやすい。

ただしかし、戦争中か敗戦期に青年期を経過して社会人になった「モラトリアムなし人間」は、何もロッキードの主役だけではない。戦後日本の復興と高度成長は、実は、エコノミック・アニマルとよばれる多くの「モラトリアムなし人間」の力によってもたらされたものである。戦争の破壊＝モラトリアムの破綻から得た青年の自信と活力こそ、「モラトリアムなし人間」による〝平和〟日本のエネルギー源であった。

皮肉にも、これらの「モラトリアムなし人間」の努力によって高度産業社会化が進み、豊かな社会になればなるほど、本章で述べたような「モラトリアム人間」の発言力が高まり、今や、今日の繁栄と発展を支えてきた「モラトリアムなし人間」世代は、事あるごとに、公害や汚職の元凶として悪玉視される時代がきた。ひとえにそれは、本章で述べてきたように、お客さま的なモラトリアム人間心理が、社会的性格になったためである。ところが、皮肉にもそのような国内情勢のモラトリアム化とうらはらに、国際社会におけるわが国は、あのニクソン・ショックや石油ショック、そして日ソ漁業交渉、円高といったさまざまな難問に直面し、戦後の歴史的モラトリアムを、国際社会から許容されない時代を迎えているようにみえる。

もし、平和日本が、国際競争社会の渦中で幾多の国際的危機に出会い、戦後日本を支えてきた平和＝猶予の精神を全うしがたい局面に遭遇したとしたら、その時はどのような事態がおこるのであろうか。

戦後の民主主義における人権尊重も言論の自由も、基本的にはモラトリアム（猶予）の心理構造を前提にしてはじめて保たれ得るはずのものである。あまりにも衝撃的な現実の危険が発生したら、あるいはまたその危険が予測される状況が迫ったならば、わがモラトリアム人間たちは、どのような反応をおこすことになるのであろうか。

1 無関心・無行動

現在のモラトリアム心理社会構造が一応保たれているかぎり、旧来の古典型人間たちが、不安になったり、悲憤慷慨するような天下国家、社会の危険が生じたからといって、必ずしも古典型人間が予測するような社会的現実行動をもってそれに応じないところに、モラトリアム人間の特徴がある。なぜならば、モラトリアム人間は徹底した自己中心主義者であって、国家、社会への帰属感が乏しい。自分の属する国家も社会も、すべてが存在感の乏しい仮構の世界のように感じられているので、その次元での現実的危機は、モラトリアム人間個々人の危機には、そう容易には結びつかないからである。

しかも、モラトリアム人間は、かつて私が論じた自我分裂の持ち主である(「情報化社会の病理」参照)。いくら、マスコミ報道やイメージ、言論の世界で、天下国家の危機が叫ばれても、それを見聞きする時は、なるほどと思い、口先では同じように危機を語っても、いざ自分がそのことに対してどう行動するかという段になると、必ずしも心の中の意見と社会行動は一致しない。なぜならば、モラトリアム人間は、言と行の切り離し、言行不一致を、もっとも基本的な心理構造にしているからである。石油・食糧危機の不安は語られても、しょせん、それはテレビドラマの題材にすることで終り、資源の節約といった日常の現実行動には結びつかない。

イメージ選挙といわれても、必ずしも気に入ったイメージの人に、休日わざわざ投票に出かけて行くかどうかは、また別である。人気があるということと、その人気者のために時間をつぶすということとは別である。いやむしろ、社会、国家のことは、映像の世界の出来事としては関心があるが、自分もその当事者という意識は稀薄なのが特徴である。

したがって、これらのモラトリアム人間を頼みにして、何か事をなすことくらい、あてにならぬことはない。いくら口先で危機の到来を論じていても、それではいざ危機対策として何か組織的行動をおこすかといえば、組織化されたり、社会的な形をもつことそれ自体に対して拒否反応がおこる。飢えや寒さのつらさを忘れてしまった彼らの現実行動を規制する不安は、古典的な現実不安ではなく、組織や集団や社会的な形あるものに自分がのみこまれる不安であり、一時的・暫定的な自分を「これがお前だ」と、集団なり、組織なりから限定されてしまう不安である。

そして、この無関心・無行動が、さまざまの国家的・社会的危機に対処する役割を担う当事者たちをして、お客さま的と嘆かせる。ところが、肝腎のモラトリアム人間たちは、どのような国家的・社会的不安も自分自身の不安にはしない。それだけでは、そう簡単に不安動揺をきたさないのである。しかもこのモラトリアム人間たちの不安不在の心理が、現代社会の一つの安定装置になっているのも事実である。

たとえば、一九七七年七月の参議院選挙について、政策論は棚上げした気分本位のイメージ選挙であるというところから、ヒトラー擡頭当時の社会情勢との類似をみる人々も多い。たしかに、そのような一面があるにせよ、その反面、われわれはヒトラー擡頭当時の社会的性格、つまり「マゾヒズム人間的性格」と、現代の「モラトリアム人間的性格」の違いにも目を向けねばならない。前者が、自立した「個」を放棄して権威への合体を求める、のみこまれたい願望を心理特性としていたのに対して、後者は、いかなる組織・集団への帰属にも抵抗する、のみこまれる不安と徹底した自己中心主義をその心理特性とする点に、両者の対照的な違いがある。そしてこの違いは、産業社会の発達段階の違いに由来するとともに、敗戦によって「モラトリアム国家」になったわが国と、多額の賠償金をとりたてられ、貧窮に苦しみ、「モラトリアムなし国家」になってしまった第一次大戦後のドイツとの、あきらかな歴史的違いにも由来するようにみえる。

2 パニックの発生

しかしながら、国家・社会全体の現実的危機に対しては無関心・無行動のモラトリアム人間たちも、もし自分たち個々人の日常生活が突然麻痺するような、日々の生活のリズムを狂わせる突発的な破綻に出会う時は、容易に異常な脆弱さを露呈する。つまり、そのような事態では、社会・国家全体のことなど眼中にない自己中心主義的なばらばらな反応や行動が同時的に多発して、パニック（不安・恐慌反応）がおこるおそれがある。最近のニューヨーク停電時の混乱、石油ショック当時のトイレットペーパー騒ぎなどは、戦争をはじめとする食糧・石油輸入の杜絶など、個々人の日常生活が直接危機状態に陥る時にモラトリアム人間がおこす大規模なパニック反応を予測させる。

たとえば、最近は野外での立ち小便をしたことのない男の子、いや立ち小便のできない男の子がいるというが、あのトイレットペーパー騒ぎにも、自然から疎外された都市化人間の同様の脆弱さが露呈している。つまりトイレットペーパー・パニックは、トイレットペーパーがなくなれば水洗便所の使用が不可能になる不安を背景にしている。そしてさらにその背後には、水洗便所しか便所とは考えられず、水洗でないトイレに入ったことのない世代の存在や、水洗便所以外の方法で排泄物を処理することが全く不可能になっている都市生活の現状がある。同様の危機可能性は、冷暖房装置をはじめとする電化製品への依存構造にも含まれているのである。ニューヨークの停電パニックは、この可能性を一時的・局所的に顕在化した事件である。

つまり現代社会における日常生活は、自然環境からの直接的なストレスから人間を守る人工環境の中で営まれているが、この防壁としての人工環境は、自然環境からのストレスに対するモラトリアム構造をわれわれに保障している。われわれは、自然環境を忘れ、見失い、結果的には、このモラトリアム構造＝人工環境の保護なしには、一日も暮せない存在になってしまっている。それだけに、ひとたびこの人工環境を維持するエネルギー供給の杜絶によるモラトリアム構造の破綻がおこると、個々人の日常生活の致命的な麻痺をひきおこし、パニック状態に陥る可能性を予測させるのである。

生活エネルギーの供給杜絶のみならず、戦争、外敵の侵入、大地震、伝染病の蔓延に直面して、古典的な人間社会に比べて、人工的なモラトリアム人間社会は、この種の天災・人災による日常的個人生活の破綻に特有な脆弱さをもつだけでなく、ひとたび日常生活の各局面において、このような形でのモラトリアム生活構造の破綻がおこると、収拾のつかぬ無統制・無組織のばらばらのパニック行動が多発する危険をはらんでいる。

3　潜在的破壊・攻撃性の無統制な解放

そもそも「猶予」が、休戦交渉の前提条件である事実にも示されるように、モラトリアム人間は徹底した平和主義者である。対人関係を例にとれば、彼らは自己中心主義者であるだけに、対人的距離を失った人間交流の中では避け難い、お互いの利害の衝突・葛藤のためにおこるトラブルには、大変に傷つきやすい。したがってこの平和主義者は、古典的なエゴイストのように自己中心主義をむき出しにしない。しかも、幸いにもモラトリアム社会には、お互いの自己中心性を尊重し、互いに毀損しない配慮がととのい、それぞれが自分本位の主観主義の中でバラバラに暮すことが許される程度の、人間関係の稀薄さが保たれている。対人関係のみならず、社会的行動におけるすべての競争や攻撃性も、間接化した形でしかあらわれないように仕組まれている。

しかし、それだけに、それぞれの攻撃性は、明確な自覚の下に訓練されたことのない未組織・未統制なままの衝動として潜在し、ひとたび直接的な形で解放される場合には、核爆発的な破壊力を発揮するおそれがある。本来、攻撃性と破壊性とは区別されるべきものなのだが、訓練され統制された攻撃性に比べて、未熟な原始的攻撃性はより破壊的なものになりやすいからである。

たとえば学歴社会の受験戦争は、受験生たちの相互関係を間接化し、直接お互いにケンカしたり憎み合いながらの友情を味わうゆとりを与えないし、管理社会は内心いくら相手を競争相手と思っていても、一定の形式、ルールによって隔たりを守るのが至上命令で、上司・同僚との直接衝突はタブーである。しかしそれだけに、もしこの間接化の仕組が瓦解し、ひとたび隠されたお互いの自己中心主義と自己中心主義が正面衝突をおこす状況になると、そこには、未組織・未統制な、まことにはげしい破壊的現象が生じる。スチューデント・アパシー型青年の家庭内暴力行為、近所同士の些細な利害の衝突をきっかけにしておこる殺人事件などにそれはあらわれている。

もしわが国社会が、戦後三〇年かかって確立した平和＝モラトリアム構造が、外国からの経済的、社会的、時には軍事的攻撃のような何らかの衝撃によって破綻した場合、そのような核爆発的な破壊・攻撃性が、急激に、しかも無統制に集団的に解放されるおそれはないであろうか。とくに現在は、平和主義の守護者であるかのようにみえるマスコミが、戦時中の例をあげるまでもなく、いつの日か、社会の実力派を構成しているモラトリアムなし人間や、次に述べる反モラトリアム人間たちと手を組んで、特定の方向に、このような破壊・攻撃性を世論操作するおそれも大いに警戒する必要がある。しかも多くの場合、平和主義の破綻は、決していきなり攻撃・破壊を肯定するという形をとらない。常にまず外敵の脅威、つまり迫害者がつくり上げられ、この迫害者に対する自衛のためのやむを得ざる攻撃という形での防衛的な攻撃性の是認、やがては積極的な破壊がそれにつづく。そして、このような攻撃・破壊性の動きと表裏の関係をなすのが、モラトリアム心理構造の打破を目ざす脱モラトリアム型人間や反モラトリアム型人間の動向である。

4　脱モラトリアムの企て

そもそもモラトリアム人間の深層には、常に、自分たちを保護しているはずのモラトリアムの心理社会構造そのものを打ち破りたいという無意識の衝動が潜んでいる。なぜならば、管理社会の中のモラトリアムは一種の慢性の拘禁状態ときわめて類似した心的状況だからである。モラトリアム構造の中の出来事はすべてごっこ化され、自己も他者もその存在感が稀薄化し、それぞれの自我感覚は拡散している。時間的見通しも立たない。歴史的な時間は停止し、社会・歴史の流れ、動きの当事者にならず、その局外にお客さま化されている。古典型の権力志向人間からみれば、実社会に何の権力ももつことができない。

もし、モラトリアム人間たちが実人生での力を回復し、歴史・社会の動きに復帰しようと願いはじめるなら、また確固たる世界観や全体的な展望＝イデオロギーへの同一化を渇望しはじめるなら、まさに彼らは多年の「拘禁状態」からの脱出を求めることになるのであるが、もはやモラトリアム心理の徹底した現代社会におけるこの脱出の企ては、もっぱら短絡的・衝動的な行動によってこの心理社会構造に一時的な破綻をつくり出すことしかないようにみえる。なぜならば、モラトリアム構造の枠組内での脱モラトリアムの企ては、すべてモラトリアム化（ごっこ化）され、その構造の中に吸収され、のみこまれてしまうからである。たとえば、海外への脱出、学園ストライキ、登校・通勤拒否、アルバイトといった形の特定の保護空間からの脱出や、特定の社会機能遂行の杜絶は、本人たちの主観的意図としては、そのような脱モラトリアムの企てなのであるが、多くは柔軟なモラトリアム構造にのみこまれ、ごっこ化されてしまう。むしろ、これらの行動そのものが、いかにもモラトリアム現象らしい行動になってしまう。

この見地からみると、かつての心情主義的な全共闘運動は、モラトリアム人間を先取りした自己主張であったと同時に、モラトリアム＝拘禁状態の解体を意図する側面をもっていた事実にも目を向けなければならない。たとえば、全共闘運動は、周知のように医学部におけるインターン闘争に発している面があったが、インターン制度の廃止運動は、むしろモラトリアム期間の短縮、ひいては古典的モラトリアム構造の解体を目指す運動であるとともに、新しいモラトリアム心理の自己主張を意味するという二重性をもっていたように思える。

そして全共闘運動におけるゲバルト、バリケードも、自分たちをモラトリアム状態に拘禁しておこうとする社会体制＝モラトリアムの心理社会構造を一時的に破綻させる企てであり、あの状況のさなかで、主体性の回復——実存主義的な目ざめ——を体験したと語る学生は少なくない。たしかにあの〝青年の季節〟もまた、やがては本章で述べてきた経緯を経て、社会全体のモラトリアム化の過程に吸収されてしまった。それだけに現段階でのこされた脱モラトリアムの企ては、いわゆる過激派的な行動、つまり日常的な市民生活を一時的に麻痺させることを狙うテロ・爆弾といった企てにしかその自己表現の方法をもつことができなくなっている。右・左いずれの過激派も、現代社会のモラトリアム構造の瓦解を意図するという点で軌を一にするが、まさにこの事実は、もはや左翼対右翼という古典的対立よりも、モラトリアム人間対脱モラトリアム人間という新しい対立図式を設定せねばならない現代社会の特徴を物語っているようにみえる。

反モラトリアムの時代が来るか

国内的には依然として安定・強固なモラトリアム構造を維持するモラトリアム国家日本も、対外的には、つまり国際社会の中では、今や脱モラトリアムを迎えようとしている。国内的にはモラトリアム人間たちが求めて得られない脱モラトリアムを、今や国際的には厳しく強制されるようになった。つまりそれは、かつてモラトリアムを国際的に与えられたのと同じように、今度は周囲からモラトリアムを奪われるという形によってである。いずれにせよこの動向との関連で、今や次のような反モラトリアムの機運がめばえている。

1　反モラトリアム運動の可能性

モラトリアム国家日本の自立的な脱モラトリアムの達成を叫んで自決した三島由紀夫氏は、その意味では脱モラトリアム運動の象徴的存在である。彼がその時直接の呼びかけの対象に自衛隊の人々を選んだ事実は、いわば平和国家日本において一人前の軍隊とみなされないモラトリアム構造の中におかれる自衛隊そのものの脱モラトリアムを、わが国全体の脱モラトリアムの原点たらしめようと考えたためではなかろうか。もしそうなら、この発想は非武装中立の平和国家であること自体が国際的なモラトリアム構造の所産であり、わが国の脱モラトリアムは、軍事的自立によってはじめて達成されるという思想を代表しているように思える。またそれだけに国際的な脱モラトリアム状況が現実化するにつれて、やがては再軍備の可否論がわが国の進路選択のもっとも嶮しい国民的争点になるのではなかろうか。そして国際的な脱モラトリアムの動向は、国内の脱モラトリアム志向人間を元気づけるとともに、社会の各局面における反モラトリアム運動の機運を促進することになるのではなかろうか。

つまり脱モラトリアムが、モラトリアム人間自身の主体的な企てであるのに対して、反モラトリアムは、むしろ反《アンチ》モラトリアム人間による、モラトリアム心理およびその発生条件であるモラトリアム心理社会構造を積極的に否定する企てである。たとえば社会の実権を握り、いずれの局面でも当事者意識の強いこれらの「反モラトリアム人間」たちには、モラトリアム人間は、お客さま的で、無責任で、手前勝手で、浪費的で、贅沢で、ものの有難味を知らなくて、という具合にその否定面ばかりが目につく。ところが、このような非難や不満を口にする反モラトリアム人間たちも、その一方では自分たち自身がモラトリアム人間である。たとえば学校や職場では学生、部下、ＯＬに対してできるだけ当事者にならないようなかかわり方をし、家庭では妻子にとってのお客さま的存在であり、中年をすぎても老齢の父母をかかえて、いつになっても家長意識をもつことができない。そして、彼らは自分自身のこのモラトリアム人間化の状況を何とかして脱け出そうと脱モラトリアム心理にとりつかれている。そして、自分自身の脱モラトリアム心理と、モラトリアム人間化した他人への非難が一つになって、彼らの反モラトリアム心理をつくり出していく。

この反モラトリアム心理は、現代社会の管理組織の実力者、たとえば官僚、企業の管理職、組合の幹部、大学教授、そして父親といった人々の内心には、一種の怨念のような心情になって高まっている。彼らはその怨念をはらせない自己不全感にさいなまれているので、ひとたび国全体が脱モラトリアムの方向に歩み出すとなれば、右翼も左翼も、古典型人間のつくった既成政党も、生活者意識の強い労働組合もこぞって同調する強大な「反モラトリアム運動」が一挙に公然化する可能性がある。たとえばそれは、「今の青年が自己中心主義でしらけているのは、社会的・国家的帰属意識が欠けているためだ。では、どうしたら帰属意識をもたせることができるか」といった議論が、スチューデント・アパシー型学生の対策に苦慮する学生部の当事者間で真剣に闘わされている事実にも示唆されている。そして議論のはてに「思い切って、徴兵制度でもやらなきゃ。このままじゃ日本は滅びる」というタカ派的意見が口にされる。

また一方では、ハト派の人々からさえも、西ドイツの制度にヒントを得ての若者の帰属意識回復案が口にされる。周知のように徴兵制の敷かれている西ドイツには、徴兵拒否の若者は、代りに、身体障害者施設、老人ホーム、精神病院といった社会福祉施設で徴兵期間の間、社会奉仕活動を義務づけられる制度がある。わが国でも、徴兵制度まではともかく、一定年齢に達した若者に一定期間、社会福祉施設における奉仕活動を義務づけたらどうか、そうすれば福祉国家としての国民意識も高まり、国家社会への帰属意識も回復し、社会的連帯感も取り戻せるのではないか、という意見である。

これらの徴候からみると、近い将来、戦後の民主主義を支えてきたモラトリアムの心理社会構造そのものを全面的に敵対視する積極的な反モラトリアム運動から、各社会局面におけるそれぞれのモラトリアム心理社会構造を反モラトリアムの方向で手直ししようとする漸進的修正派まで、幾多の反モラトリアム的な方針や運動・政策が唱えられる時代が到来する可能性がある。

2　モラトリアム国家への道

しかしながら、望ましいわが国の進路は、おそらく、戦後三〇年の間にわれわれの身についた「モラトリアム人間」の肯定面を国内的には内面化しながら、対外的にはもはやモラトリアムを許容してくれない厳しい国際社会の中で、より成熟した自立的なモラトリアム国家としての道を歩むことにある。つまりそれは、対外的には他からモラトリアムを与えられる依存的モラトリアムの立場から、主体的にモラトリアムを内面化し、むしろ他にそれを与えるといった、より自立的な立場への転換が、今わが国に期待されているように思える。

戦後三〇年を経て青年期の終結を迎えてより成熟したオトナ国家になるということは、たとえば経済面一つをとりあげても、与えられていたモラトリアムをフルに活用して、もっぱら自己中心主義的な高度成長を遂げてきたわが国が、これからは開発途上国に対して、逆にモラトリアムを提供する立場に立ち、むき出しの自己中心主義的な競争を控え、むしろ国際社会全体に確立されるべきモラトリアム構造の形成と維持に、積極的な役割を果すといった方向に発展してゆくべきなのではなかろうか。そして、このような対外的な役割は、国内的なモラトリアム構造の安定との微妙な力動的均衡に支えられてはじめて達成可能なようにみえる。

これに対して、反モラトリアム人間たちの主張する進路選択は、国内的にも対外的にも最終的にはモラトリアム構造そのものを解体し、弱肉強食の原理を徹底することを意味する。そのような道は、国際的にも時代おくれであり、この種の進路選択それ自体が、どのような外的な脅威よりもより大きな内面的な危険をはらんでいる。なぜならば、ひとたびわれわれの心に定着したモラトリアム人間は、もはや一つの社会的性格になりきっているので、モラトリアム構造の崩壊はもっとも深刻な精神的混乱を招くからである。

しかも、反モラトリアム人間たちは、もっぱらモラトリアム人間の否定面に注目するが、実はその否定面は、戦後三〇年の間にわれわれが身につけた民主主義と平和主義という、きわめて貴重な肯定面と表裏の関係にある。

その意味で、これからのモラトリアム社会の第一の課題は、まずわれわれが人間におけるモラトリアム＝猶予の存在意義を、その成り立ちの根源に遡って改めて再認識することにある。なぜならば、この認識を通してわれわれは、自己自身の現代的あり方について新しい思想的意味づけを発見することができるからである。

そもそも人間と他の動物との違いは、衝動的な満足や破壊を延期して「待つこと」ができるというまさにその事実に由来している。しかもこの「待つこと」＝猶予の能力を自己自身の内的衝動に対してのみならず、他の人間に対しても向けることができる事実こそ、人間が人間になる基本条件である。とりわけその原型は、子に対する母のそれである。人類はもっとも長期間にわたって、子どもにモラトリアムを与えることを特質とする動物である。

実は「人間」の精神形成を「モラトリアム」という基本条件に即して理解した最初の心理学者は、エリクソンの師、フロイトなのであるが、フロイトは人間のみが他の動物に比して、特別に長期間にわたる「心理・性的モラトリアム」(psychosexual moratorium) つまり潜伏期をもつ事実に着目した。そしてこのモラトリアムの確立こそ、近親相姦＝エディプス・コンプレックスの危険なしに、長期間にわたる親への依存を人類に可能にし、社会的・歴史的所産の世代間の継承を可能にする基本条件をなしていると考えたのである。つまり、フロイトがエディプス・コンプレックスの克服を人倫の根源とみなしたのも、まさにそのためである。

このような意味で、「モラトリアム」は、人間が人間化する上での必須条件である。親と子の間のモラトリアム体験を通して、人間は、他の人間に対して「猶予」を与えたり与えられたりする人間的な愛の本質＝「待つこと」を学ぶ。民主主義の拠って立つ寛容の精神についても、そのようないわば根源的な原状況に遡って、その意味を再認識せねばならない。フロイトが、物事をまとめ上げ、つくり出すエロス（生の本能）の営みとよんだ、すべての文化、学問、技術、遊びなど、あらゆる人間の建設的な営みは、「待つこと」、つまりモラトリアム構造の中で成立し発展してきたものである。いや、そもそも人間がそれぞれの内面にそれぞれの「心」をもち、成熟した自我の発達を遂げるのも、もっぱらこのエロス（生の本能）がつくり出したモラトリアム構造の中においてである。

モラトリアム社会の第二の課題は、モラトリアムの心理構造と、その心理構造を成り立たせている〝現実〟との境界を明確に吟味することである。なぜならば、モラトリアムの世界がモラトリアムとしてその存在意義を全うするためには、モラトリアムに対して明確な境界を確立して対峙するモラトリアム以前の世界の存在が前提になっている。もしモラトリアムの世界だけを現実と錯覚し、この境界が見失われる場合には、われわれは現実喪失の状態に陥らざるを得ない。たとえばわれわれの宗教心理は、「死」に対する「生」を、「死」に対して与えられた猶予期間とみなすことと深く結びついているが、この猶予期間をどのように生きるかは、われわれ人間のもっとも究極的な課題である。そして、われわれが本当の意味で生きることの意義を自覚できるのは、人間の存在それ自体が、実は「死」に対するモラトリアム的存在であるという、生と死の境界の認識を通してである。

日常生活の中であいまい化している「生」と「死」のこの境界の認識の明確化が、宗教心理の一つの源泉であり、この認識によって宗教心理は、われわれがその中に盲目的に埋没しているモラトリアムとしてのこの世を超えるのであるが、われわれに求められているのは、この宗教心理と軌を一にする自己認識なのではなかろうか。

モラトリアム社会の第三の課題は、モラトリアム人間の現象面の否定的要素に対する批判と、人間における本来のモラトリアムの存在意義とを明確に区別することである。現代社会のさまざまな問題を理解し、その対策を見出すためには、まずこのような批判的作業が必要である。あえて私が、本章で「モラトリアム」という鍵概念を用いたのも、ひとえに現象論と本質論というこの二つの次元の混同、すりかえによっておこるさまざまな社会的混乱を診断し、予防するためである。

たとえば、現代社会は「待つこと」＝猶予の精神が過剰に肥大して、あまりにもモラトリアムが人工化されすぎたきらいがある。その結果、モラトリアム人間たちの現実喪失が批判の対象になっているが、この事実ゆえに現実の回復を謳う反モラトリアム運動は、人間を人間たらしめている基本的なモラトリアム構造そのものを否定する方向に奔るおそれがあるようにみえる。

自然に帰れと叫んだルソー幻想そのままに、すでにわれわれ現代人にとって不可欠の心理的拠り所となっているモラトリアム構造の破壊を企てることは、動物的原始状態への退行にはずみをつけることである。すでにフロイトは、一九三〇年に発表した『文化論』において、エロス（生の本能）の営みとしてのわれわれの文明生活が、不断に解体し退行し万物を無に帰そうとするタナトス（死の本能）に逆らって成り立っている事実を指摘したが、モラトリアム構造の破壊は、死の本能に道を開くことを意味する。

では、公然たるモラトリアム構造の破壊を回避しながら、われわれは今後どのような道を歩むべきであろうか。

現代のモラトリアム社会は、より徹底した管理社会へと向って、モラトリアム構造を居心地のよい拘禁状態と化していくのか、あるいはまた、人類が今まで経験したことのないエロスを謳歌する福祉社会への道を歩むか、その選択を迫られる運命にある。

この選択は、一にかかって、われわれすべてが何らかの形で共有している社会的性格としてのモラトリアム人間の心理構造を、主体的にどう昇華していくかにかかっている。

附記 モラトリアム人間論の背景となっている、幾つかの基本的な著作を左に紹介しておきたい。

まず、E・H・エリクソンの精神分析的な青年論の系譜をたどるためには、E・H・エリクソン『自我同一性』(小此木啓吾訳編、誠信書房)、「アイデンティティ」(『現代のエスプリ』至文堂)、E・H・エリクソンほか『青年の挑戦』(栗原彬訳、北望社)などがある。また、このほかに私自身が、「モラトリアム人間」を最初に論じた『自我と社会の出会い』(日本教文社)、「一時的・暫定的な人間」という見地から現代人をとらえたW・G・ベニス、P・E・スレター『流動化社会』(原著題名は、Temporal Society、佐藤慶幸訳、ダイヤモンド社)、現代を「不確定社会」としてとらえ、既存の対人的距離のとり方(礼儀、道徳、階級など)の失調に現代青年の苦悩をみるL・ベラック『山アラシのジレンマ』(小此木啓吾訳、ダイヤモンド社)、むしろモラトリアム状態を永続化し、自己中心的な変化自在の神プロテウスのごとき人間像こそ現代の適者であると主張するR・リフトン『誰が生き残るか』(外林大作訳、誠信書房)などをあげることができる。

いずれも一〇年以上前に米国で刊行された著作であるが、わが国にもようやくこれらを感覚=経験的に理解することのできる〃状況〃が顕わになってきたのである。

さらに最近はわが国にも、私のモラトリアム人間論の出発点となった「青年期」の臨床的観察と共通した認識を含む、精神病理学者や心理学者の手になるすぐれた青年論が発表されている。たとえば、笠原嘉『青年期』(中公新書)、岡堂哲雄・松原治郎編「青年I、現代的状況」(『現代のエスプリ』至文堂)などをあげておきたい。

同一性の探求

ある日系米人一家

一九七二年一月、私は、ミルピタスという、サンフランシスコから車で一時間半ばかりの田舎を訪れた。そこには、日系米人の経営する大農場があり、私は、そのお宅を訪問したのである。周囲には、四〇年前に建てられたという移民初期の木造小屋が何軒も納屋としてのこされ、またその向うには、移民してきたここの御主人が地主さんになってからやとっていたメキシコ人労働者たち（米人労働者の賃金の一三分の一でやとえたという）の飯場みたいな小屋が見える。

ここの御主人は、五〇年も昔、十七歳で長野県から移住した方だが、現在は、時価にして百数十万ドルになる土地をもつ成功者である。家族は、結婚した娘をのぞいて、男三人。この三人兄弟が、農場を支えているのだが、とくに長男（四十二歳）は朝鮮戦争で二〇〇人の中隊が一六人になった激戦の生き残りの勇士である。そしてこの彼は、ほとんど日本語をしゃべらない。お父さんは全くの長野県人で、奥さんと二人は、日本語ばかり。部屋も、日本の骨董やら、掛軸やら……全くの日本調で英語の方は、ジャパニーズ・イングリッシュでパッとしない。

そしてこの一家が私に、日系米人の一世、二世、三世間の教育や文化の問題、家族のあり方について語ったことを要約すると、こうである。

世代間の葛藤

日系人と白人社会の習慣や、ものの考え方は反対である。白人社会は、個人主義、自主性尊重で子どもを育てるが、日系人（とくに一世）は家族主義で、子どもたちがおとなになるまでは家族（両親）の保護下におこうとする。家族みんなのことを考えて暮そうとする。

日系人一世と二世の間に大きな危機がおこったのは、第二次大戦の時だった。一世は日本の敗北を心配したが、二世は星条旗に忠誠を誓い、イタリア戦線で大功をたてた。そしてこの二世の働きが、戦後の米国社会での日系人の適応を助けた。二世たちは、移住労働者たちの子どもが多かったが、一世は二世に、大学へ行かせたり技術者に教育したりにそのすべてを賭けて、一階級上になり、白人並みになることに全力を傾けた。その結果、二世たちは白人並みになったが、白人化した二世と日本人のままの一世との断絶は大きくなってしまった。

そして、このタイプの一世には、しばしば二世、その子の三世とうまくゆかなくなり、淋しい老後を送っている者が多い。米国社会への適応に成功した一世の家庭でさえ、二世が白人的な家族観・結婚観をもったために崩れてしまい、その影響が三世にあらわれている。なぜならば、もはや三世たちには、一世、二世を支えていた日本精神がなくなり、白人化にしかその生きる道がないのに、いざとなってみると、白人社会の受け入れ方には限界があるからだ。とりわけ最近は、日系人の生活力・知能に白人が危険を感じはじめ、白人並みにやるには、二倍くらいの力を発揮できなければダメで、不況となると、いちばん先に首切りされるのは日系三世であるという。

三世の破綻

しかも三世たちは、自分たちを白人と同じに思い、他の少数民族や黒人に対しては白人化した優越感をもって接するが、肝腎の白人は差別して受け入れてくれない。かといって、日本人らしさも親は伝えてくれない。そして、多くの三世の青年が挫折感と民族的・家族的同一性《アイデンティティ》を失って、非行やマリファナに奔る。

「今までカリフォルニアでは、日本人だけには、移民の中で犯罪者が出ないのを自慢にしていたんですが、最近はどうも」とおじいさんは言う。この近くにも軽犯罪者の刑務所があり、そこの囚人を労働にやとっているが、「三世だけは断ってます。日本人は〝恥〟を重んじる。同じ日系人にこんな形でつかわれるのは、三世にとってあまりにも〝恥ずかしいこと〟ですから」。

おそらく三世には、このおじいさんの恥を重んずる精神なんて無縁なのであろうが……。

そしてこのおじいさんは言う。「一世たちはもともと日本人なのに、米国に忠誠をつくした。これはおかしいみたいだが、そこが日本人なんですなあ。自分の国にすべてを捧げる。万歳突撃で武勲をたてて、私たち日系人の危急を救う精神。これが日本の武士道ですなあ。二世には一世から、こういう日本精神が伝わっていたから、あれだけのことができたのです」。ところが、その後の二世は、なまじ白人化したためにこの日本人らしさを否定してしまった。その結果が三世にあらわれている。三世たちは、今までの日系人のもっていた勤勉さ、家族の団結心、思いやり、謙遜、といった美徳に反撥し、みんな自由にあこがれ、白人みたいになって、それらをすててしまった。しかも白人は最後には冷たいから、三世たちはメキシコ人や黒人並みに怠け者になって、非行化してしまうというのである。

同一性に目ざめる三世

実は全く同じことが、ロサンジェルスのリトル・トーキョー（日本町）にもおこっている。日本から移住し、「ジャップ、ジャップ」と迫害を受け、第二次大戦中は強制収容所の中で天皇への忠誠を誓い、日本人としての自分を守り通した一世。戦時中に、米国への忠誠を誓い、進んで米軍に加わり、米国社会への同化に努力してきた二世。もはや日本語もしゃべれない完全な米国人として生まれながら、しかも、青年期を迎え、改めて自分がどんなに白人化（米国化）しても、結局は、米国社会の少数民族としての日系人にすぎない現実に直面している三世。

しかし、三世の中には、日系人としての自覚＝アイデンティティを取り戻す運動もおこっている。「米国の歴史は、小学校から大学まで何回も聞かされたが、日本人や黒人の側からの歴史を一度学びたい」「いったい自分は何者であるかを知りたい。それにはやはり、日本人であるというこの肉体と歴史を真に自分のものにしなければ、自分が存在している、という確証は得られない」。そう語るリトル・トーキョーの三世たちは、口々に、米国社会における人種的偏見について訴え、米国化した二世よりも、不適応に悩みながらも日本人を全うした一世たちに、やさしいいたわりと敬愛を示し、一世の暮す老人ホーム訪問に生き甲斐を見出している。

この話をすると、ミルピタスのおじいさんも息子たちもそれを肯定した。

ここ数年来、一時やめていた日本教育を、日本人会や宗教団体はどんどん復活しているし、いろんな習い事を強化しているという。また三世の中には、二世の親はアテにならぬと、一世の老人たちを大事にする敬老会をつくり、一世を通して「日本人」を学び直す運動がおこっているという（このような民族主義的運動が、右寄りでなく、左寄りに、白人青年たちのヒッピー化と並行して、各少数民族におこったところに米国における〝革新〟の特殊性もあるにちがいない）。

おじいさんも、その息子たちも、お母さんもみんな家中口をそろえて語るのは、米国社会の階級性の強固さである。そこにはすでに日本に失われかけている、生まれた階級より一階級出世するための必死のモガキが、ある程度の挫折感を伴ってひしひしと伝わってくる。

この一家も不適応？

ところで、このおじいさんの家族はどうなのか。このおじいさんは、二世を大学にやらなかった。ホワイト・カラーにも技術者にもしなかった。頑固に、自分中心の家族主義を守り、農業をつづけ、日本人的な雰囲気を守りつづけた。そして今になって、このおじいさんの頑張りは、一般の二世たちの内面的挫折や三世たちの不適応との対照において、大いに価値あるものになってきている。おじいさんは成功者だし、息子たちもみんなしっかりしたよい農業家である。家庭も人間味あふれ、礼儀正しく、「父なき社会」の叫ばれる現代に、ここミルピタスの田舎には日本版ゴッド・ファーザー中心の落ち着いた秩序と愛情が豊かに保たれている。

しかし、それで感心してすませられない不安が私の心に迫った。なぜならば、やはりこの家族にも、病理とはいえないまでも、周囲の米国社会に対する家族全体の不適応がはっきり見出されるからである。

第一に、私をエスコートしてくれた四十二歳の長男、そしてそれにつづく二人の弟、いずれもが独身なのである。なぜか。結婚の対象となるような二世・三世の娘たちは、とてもこんなおじいさんや、そのおじいさんに忠実な日本的家族主義の嫁にならない。彼女たちは、大学出か、技術者か、ホワイト・カラー化した日系男性、あわよくば白人と結婚したがるからである。

第二に、では、内地からの紹介とか、お見合いでは、ときくと、「ところが息子たちは、結婚だけは、つき合って自分の気に入った相手、あるいは恋愛結婚をしたい」というのである。

つまり彼ら息子たちは、おじいさんが偉すぎて、古い日本人でありスギル一方で、現代青年としての生活感情ももちあわせているために、この葛藤を処理しきれないまま、結婚をおくらせてしまっているのである。まさにこの点に、この一家のおかれた環境と、この一家の世代葛藤が表現され、息子たちの結婚問題はその同一性の葛藤の焦点となっている感がある。

家族同一性の危機が

第三に、四〇年間きずきあげたこの大農場と、その農場づくりの中で守られてきた「カリフォルニア州長野村」は、今や米国社会の巨大なブルドーザーによって壊滅寸前に陥っている。周囲にはフォードの組立て工場がたち、新サンフランシスコ空港の計画が進み、否応なしにこの農場の土地を手放すべき時期が近づき、米国版成田空港問題がおこっている。

第四に、最近の社会条件は、ただこの土地を売って、別な農地でまた新しく日本的家族主義を守りながら、息子たちが新農場をはじめることを困難にしている。もはや米国社会の農業は高度に工業化し、大資本企業が農場を吸収して自分たちのチェーン化しつつあって、今までのようなやり方での農場経営そのものがむずかしくなっている。とすると、彼らの生きる道は、土地成金化することしかない。お金は手に入っても、その結果失うものはあまりにも多いようだ。息子たちも、お金をもち、農業をやめれば、おじいさんが批判していた、都会でのあの白人化（脱日本化）の二世の道を歩むことになるかもしれない。そうすれば嫁さんもくるし……。そしてその三世は？　おじいさんが他人事のように嘆いているあの三世たちと同じ運命が待ちうけていないとはいえないのだ。

あのミルピタス滞在から、早くも六年経ったが、一九七八年、ブラジル移民七〇周年にちなむ幾多の報道や論説にも、ミルピタスやリトル・トーキョーと共通した、アイデンティティ問題がしきりに口にされている。

そして、これらの海外在住の日本人の世代問題やアイデンティティ葛藤を知る時、すぐ頭に浮ぶのは、戦後のわが国社会のことである。昭和一ケタの私もまた、戦後の西欧化二世的存在の一人であるとすれば……。そして私は、私の娘、つまり三世のことを思う。日系米人の三代ばなしに、現代日本人全体の運命をみるのは私だけであろうか。

米国におけるアイデンティティ問題

ところで、私は、一九六〇年代後半から一九七〇年代初頭にかけて高まった、米国における少数被差別民族運動の中で、しきりに口にされる「アイデンティティ」という言葉の流行に、現代の米国社会の中で果している精神分析学者エリク・エリクソンの役割の大きさを、今さらのように実感することになった。彼ら移民の子孫たちが求めたのは、それぞれの民族固有の歴史と母国文化との連続性であり、エリクソンのいう、その民族の同一性《アイデンティティ》だったからである。

そもそも米国合衆国は、世界各国からの多種多様な民族が、米国各地に、いわば勝手気ままに住みついて町をつくり、やがてそれらが相談ずく、約束ずくでまとまってできた国家である。その歴史は、広大な空間の拡がりをどうやって連合させ、統一を保つかの努力の歴史である。バラバラに、めいめいが自分の利益を主張し、お互いが傷つかない範囲で、あるいは利益になる範囲で妥協し、協同し合う過程でできたのが合衆国という国家である。いわばそれは人工的なもの、みんなの意志によってつくり出されたものである。そして、多様な人種、多彩な母国文化は、それぞれのゲットーや家族の中に限定し、もっぱら合理的な機械物質文明の生活様式を人々が共有し合うことによって成り立っているのが米国社会である。

しかしまたそれだけに米国は、誰もが母国文化を離れた移住者たちの国である。たしかに今となれば、三世、四世になってはいても、これらの人々の先祖は、かつてはすべて移住者としての孤独を味わったにちがいない。米国に行って誰もが感じる印象の一つは、こういう意味でのホームシックと、それから脱却し、それに不感症になったところに生きている、カサカサに乾燥した生態である。米国にいる間に私は、自分自身が少しずつこの乾燥した風土に適応し、やがてはその孤独な気楽さに安住しはじめるのを、意識していた。おそらく、この順応が完成しきったところに、米国人が生まれるのだろう。

そして広大な空間の中に散在する点のように、人々が勝手に生き、移動してゆく。その移動や結合の方向は、この国の近代化の方向を示している。その象徴はジェット機であり、ホテルであり、自動車であり、機械化と画一化である。つまりその意味で日本から行った人々の共通の印象は、よくもまあ、こんな広い国が一つの国家としてまとまったものだ、という素朴な驚きであり、その中のどこの土地も自分の国の内地であるという口調で語る、彼らの国家感覚である。妙な話だが、ボストンでもニューオリンズでもハワイでも、全く同じ形式の信号機が使われ、同じ自動販売機がある事実に、その同じ国内での風土・住人の違いと対照して、びっくりするのである。これが同じ国の人間かと思われるほど多種多様な人々が、同じような生活様式の中に類型化されて暮している。その奥へ奥へと遡り、過去に過去にと立ち戻っていったら、おそらく、とうていまとまりのつきようもないような、それぞれに固有な歴史と文化をもっていることだろう。

わが国には、最初から天皇という同一民族・同一国家の同一性の象徴があって、それは絶対に失われないものであって、その内容が入れ代るだけだった。米国人はその反対に、何とかして自分たちの手で、たえず国家としての同一性を生み出し、維持していなければならない。何かこの辺に、日本人の依存性と米国人の自立性という、しばしばいわれる精神特性の一つの鍵があるように、私には思われた。今でも米国人にとっては、他国のことには本当は関心がなく、あるのは自分の国の統一と同一性の再生産なのではないだろうか。

かつて一九六四年、はじめて米国に行った私は、ディズニー・ランドに行き、閉園間際になった。赤い帽子と制服に身をかためた楽隊があらわれ、整列し、ジャズを演奏していたが、それが静まると、おごそかに米国国歌が演奏された。そしてディズニー・ランド入口の国旗がしずかに下ろされた。その国歌演奏の間、ディズニー・ランドに遊びにきていた老若男女、それまで抱き合っていたアベックも、さわいでいた子供も、一斉に直立して国旗に向っていた。その一瞬のおごそかな姿勢と雰囲気は、今のわが国ではちょっと考えられないものであった。そして私は、その広大な拡がりと多様な人々を何とかして団結させ、一つの国としてのアイデンティティを常に新しくつくり出しながら前進していこうとする努力に一種の感動をおぼえた。

だがしかし、当時はケネディ大統領暗殺後間もなくで、アーリントン墓地の大統領の墓には長蛇の列、そしてマリリン・モンローもまだ生きていた。しかしあれからの一〇年で米国は大きく変った。ヴェトナム戦争とその挫折は、この人工的な米国アイデンティティの拡散をひきおこし、それに伴う黒人から日系人に至る被差別民族それぞれの多様な民族・人種アイデンティティの自己主張が、はげしい高まりをみせた。しかもこの自己主張、それぞれのルーツ探求運動は、ヴェトナム反戦、ヒッピー、マリファナ、ウォーターゲート事件などと結びついた一連の反体制運動の形をとったのである。

つまり、このようなきわめて米国的な社会状況の中でしきりに口にされるようになったのが、「アイデンティティ」という言葉なのである。

アイデンティティとは

そこで以下に、「アイデンティティ」についてエリクソンの説くところを、改めてふり返ってみよう。

《……としての自分とその統合》

そもそもアイデンティティは、「同一性」「自分であること」「自己の存在証明」「真の自分」

「主体性」「自分固有の生き方や価値観」などと訳されるが、まずそれは、自分意識《セルフ》（self）の連続性（continuity）と不変性（sameness）である。

つまり、その破綻は、いわゆる蒸発、錯乱、パニック（心理的恐慌状態）などの異常状態の形で顕わになる。戦場で錯乱して戦闘不能に陥った兵士、出勤途上で突然失踪した課長、国際結婚したのにはげしい帰国衝動に襲われた日本女性……。いずれも、その自我は解体し、その同一性に裂け目が生じている。

しかし、ここでいう「自分」は、決して従来の哲学や心理学で語られてきた、内省によって自覚される主観的自己（意識）だけを意味しない。むしろそれは、親、社会、他人との相互的なかかわり合いの中で自覚され、評価される社会的な自己（mutual self）である。

兵士として、課長として、妻として……の自分の一貫性が全うできなくなるとき、彼らの、国家、会社、夫に対する自己は破滅しかける。

もし彼らが、それぞれの所属する社会集団や組織、その構成メンバーや仲間との連帯感を保ち、そのよき評価を獲得することができるならば、自信に満ち、誇りにあふれて「……としての自分」は豊かになる。そして、この途上で、各社会集団や組織がもつ固有の価値観（エリクソンはそれを「集団同一性」group identity とよんでいる）に同一化し、時には進んで、その価値観を自分の生き甲斐にする。

そして人々はこの価値観に適う生き方をし、それぞれが自分に課し、期待する役割（義務や責任）を達成する。

こう考えてみると、われわれはたくさんの「……としての自分」をもっている。たくさんの歴史を背負い、たくさんの役割を課せられ、いくつもの集団や組織に忠誠をつくす自分（複数）をもっている。私たちの毎日は、このたくさんの「……としての自分」を、随時、機に応じて選択し、秩序、序列をつけながら、しかもそれらを統合する自我の営みである。

そして、もしこの自我が自分（複数）を統合しきれなくなると、同一性《アイデンティティ》の破綻、つまりその危機が襲う。妻子を愛する夫としての自分と、兵士としての自分を統合しきれなくなった錯乱、日本人としての自分と、夫（外国人）の妻としての自分を統合しきれなくなったパニックがおこる。

《根源的な自我の成り立ち》

つまり、このような「……としての複数の自分」を統合する「根源的な自我」がある。職業人、日本人、夫、男性……としての自分（複数）以前の、それ以外の誰でもない何某としての自分がある。エリクソンは、このような自分を、とくに「人格的同一性」（personal identity）とか「自我同一性」（ego identity）とよぶが、その基礎は母子関係の中でつくられる。

そもそも人間の成り立ちを精神分析的に研究すると、根源的な自我は、母と子の基本的信頼関係の中で誕生する。そして、この相互的信頼の発生過程は、母と子の愛情交流の中で、人間が人間に対する基本的信頼をどんなふうにして身につけるかのプロセスである。この乳児と母の愛情的交流こそ、乳児にとって「母親が内面的に確実な存在になると同時に、外部からも予測可能な存在になる」過程である。

この基本的信頼こそ、乳児にとって、外界にいる他の人間の不変性と連続性、つまり同一性《アイデンティティ》への信頼の獲得であると同時に、自分自身の同一性への信頼（たとえば、自分がこの欲求を向けていつも相手に受け入れられ、喜ばれるという自信、いつも自分は相手に受け入れられ、愛されるという自信）の確立である。

しかも、この人間としての自分は、母と子の世界にとどまってはいない。やがては、父も、家族も、この相互関係（エリクソンはそれを「相互性」mutuality とよぶ）の世界に参加しはじめる。やがては、近隣、学校、職場……と人間が社会化されてゆくにつれて、その生活圏（エリクソンの、いわゆる「自我＝時間＝空間」ego-time-space）は、どんどん拡がり、かかわり合う社会集団や組織がふえてゆく。歴史的・時間的にも拡がってゆく。そして、この世界の拡大とともに「……としての自分」はどんどんその数を増し、根源的な自我の中に同化・統合されてゆく。

青年期の課題——自己選択とモラトリアム

このような自我の発達過程で、子どもはいろいろなアイデンティティを自分のものにしようと試みる。まるで、自分が本当に「……としての自分」になりきってしまったかのように空想したり、ふるまったりする。そして、この試みのもっとも根源的なものは「遊び」である。

子どもたちは、遊びの中では、ライオンにも英雄にもなること（同一化）ができる。ところが、この遊びは、成長するにつれて、もっと社会的な人間像や役割（たとえば職業）、思想、価値観に対する実験的な同一化の試みへと発達してゆく。

「……ごっこ」がくり返され、読書や知識、観念によって、「もし自分が……であったら」がくり返されてゆく。そしてこの遊び（同一化）は、「……としての自分」（複数）を積み重ね統合しながら、青年期までつづけられる。

つまり、青年期の課題は、おとなの自我によって、それまでに準備された、たくさんの「……としての自分」（同一性）を改めて自覚し、それにコトバを与え、社会的現実の中で選択し直すことにある。この自己選択のプロセスは、思春期から青年期の終りまでつづく。青年の自意識が過剰になり、さまざまな価値観や人間の生き方、思想に対決し、「主体性」「自立性」「自我」「実存」といった観念的なコトバを深刻に追い求めるのは、この自己選択の努力のあらわれである。

しかも、青年期は、モラトリアムとよばれる。なぜならば、この青年期の課題を心得た社会の側は、青年（たとえば大学生）に、決して性急に本当の責任と義務を課しはしないからである。換言すれば、このモラトリアムに決着をつけて、青年期からおとなになるということは、もはや遊びや実験ではない、特定の同一性を選ぶことである。「これが本当の自分だ」と選択した「……としての自分」に自己を賭け、特定の社会集団や組織や歴史的世界と、ガッチリと結び合う。それがモラトリアムを脱した社会的なおとなの誕生である。またそれだけに、そのようなアイデンティティの確立に至るまでのモラトリアムとしての青年期は、同一性《アイデンティティ》の拡散（diffusion）と葛藤（conflict）が頂点に達する年代である。「自分は何者であるか」「自分は何になりたいのか」「自分はどんな自分を選ぶべきなのか」……。青年期は自己選択と自己定義をさまざまに試み、そのような自我意識が過剰となる年代である。そしてこの「青年の危機」は、ともするとさまざまの同一性の病理を露呈しがちである。

なりたい「……としての自分」が、あまりたくさんできてしまって、どれが本当のものかわからなくなって破産状態に陥っている青年。どちらが本当の自分か、自分にもわからなくなって右往左往する青年。青年たちは、まるでショウウィンドウから種々のファッションを選ぶように、たくさんの自分を買いあさる（本屋での青年心理はいちばん象徴的である）。その結果、意識的に選ぶ自分と、存在（すでにつくり上げられている潜在的・無意識的な自分）との不一致、矛盾がおこっても、その同一性の混乱に気づくことができない。

つまり、この自己選択のプロセスを通して、もっとも豊かな活力源（生き甲斐）となり、自己価値を高めるような同一性を自分のものにし得るかどうかが、その人物がいちばんその人らしい人生を送ることができるかどうかのわかれ目である。

父親が元ドイツ軍人で、ナチスに受け入れられず、米国に移住したドイツ人系の青年がいた。彼は青年期に入ると、非常に軍事主義的な性格をあらわしはじめ、非行化までも心配されたが、米国士官学校に入学した瞬間から、すばらしい軍人になった。まさにこの青年は、米陸軍の制服を着たヒトラー・ユーゲントだったとエリクソンは語っているが、この青年にしてみれば、この自己選択は彼をいちばん彼らしく生かす道だったのである。そして、フランクフルト育ちのユダヤ人で、やがて彼自身ユダヤ人迫害のさなかで米国に亡命したエリクソンは言う、「ドイツ人であることの数少ない、しかも、もっとも強力な活力源は、軍事主義的生き方である。ヒトラー出現の背景に、そのようなドイツ同一性が意識や論理を超えて存在していた事実にも目を向けねばならない」と。

さらにまたエリクソンは言う、「人間は眼前の繁栄や適応を犠牲にしても、自分を成り立たせている根源的な自分（たとえばユダヤ人としての自分）との連続性と一貫性を保ち、守り抜こうとする時があるものだ」と。リトル・トーキョーの三世たちは、日本人としての自分、その成り立ちや歴史、文化の流れの中の自分を自分のものにしないかぎり、自分たちは根無し草になってしまう、と訴える。もしそうしなければ、エリクソンが研究したあのスー族インディアンのように、アイデンティティそのものを白人に滅ぼされた、過去のない、刹那的な生存がすべての、歴史性と時間性を喪失した人間になってしまう、と。

民族同一性の自覚

ここで私は、白人の偏見に抗して、忘却していた黒人としての自分に目ざめた、黒人精神科医フランツ・ファノンを思い出す。白人を妻にし、白人化した黒人エリートとしての人生を歩んでいたファノンは、たまたまアルジェリア革命に仏軍軍医として従軍したが、そこでフランス人の植民地での暴虐を目のあたりにし、同じ被差別民族の一人、黒人としての自己に目ざめ、アルジェリア解放戦線側にはしった。白人化することを生き甲斐にする代償として見失っていた同一性《アイデンティティ》を取り戻すために。

そもそも、エリクソンの師ジグムント・フロイトが「同一性」(正確には、「内的同一性」innere Identität) というコトバを使ったのは、ユダヤ人フロイトが、ユダヤ人集会の招待状を書いた時であった。その中で同一性は、「ユダヤ民族の歴史の中でつちかわれた独自の価値観――あらゆる宗教的・国家的偏見からの自由さと知性の尊重――とその民族内の各個人の(この同じ価値観を共有し合っているという)内的な連帯感」と定義された。

長い間ライン河畔のケルンに住み、一四世紀から一五世紀にかけてのユダヤ人迫害を受けて東方に逃れ、一九世紀中にガリチア地方(ポーランド)を通ってオーストリアに戻ってきたユダヤ人の子孫であるフロイトは、終生「自分は、ドイツ人でもオーストリア人でもない、ユダヤ人だ」と語っていた。「どうして私は、自分の家系、自分の民族を恥じなければならないのか」と、ユダヤ人としての自分を、誇りをもって守り抜いたフロイト。晩年(八十二歳)になって、癌の身をナチスに追われてロンドンに亡命し、遺稿となった「モーゼと一神教」(一九三九)の中で、「何故、キリスト教とユダヤ教は対立し、ユダヤ人は迫害されることになったのか」を問いつづけたフロイト。

かえって、このような被圧迫者としての運命を与えられたからこそ、知性による人類の普遍的連帯と、不合理なものの意志による克己をあのように憧れるフロイトも生まれた。自分たちを迫害する社会・時代の偏見を超えた独創的な人間科学の創造も可能になった。精神分析の発祥は、天才フロイトによるユダヤ人同一性《アイデンティティ》の受容と昇華そのものである。そしてこのフロイトに対して、父への思慕を抱き、その娘アンナと堅い学問的連帯を結びながら、米国に移住し、米国各地を転々としたエリクソンが、その同一性理論を発展させたのである。

運命的なものを主体的なものへ

このように、同一性の概念の由来をふり返ってみると、常にこの概念は、民族・人種の独自性、つまりその固有な文化特性、生き方、連帯、伝統などを言い表わすコトバとして発展してきた。多民族国家米国でとくにこの概念がもっとも根源的な意味をもつのも、まさにそのためである。

ユダヤ人、黒人、インディアン、日本人……。いずれも多数派社会（または支配社会）からの偏見と迫害に、ともすれば、それぞれの民族同一性を放棄したり、抑圧しなければ適応できないような運命を、生まれつき与えられた少数民族の人々である。自然が自分に与えた生の根源（肉体的な自分）を、自己嫌悪の中で拒否しながら生きねばならない。そのような体験をめぐって、エリクソンは、ある四歳の黒人の少女のことを語っている。

彼女は鏡を見ていて突然、その鏡に石けんをつけてゴシゴシふきはじめた。その次に、自分自身の顔をゴシゴシ洗った。この行為のノイローゼ的なくり返しに気づいたエリクソンは、彼女に絵をかかせてみた。彼女ははじめ茶と黒を使って人間の顔をかいたが、エリクソンに見せる時には、それを真っ白に塗りつぶしてしまった。すでに四歳の彼女は、肌の黒い自分（黒人同一性）を否定しようとしはじめていたのである。背広、化粧品が、白人イメージのCMを使うとぐっと売れ行きをのばす現代日本人の深層心理にも、実は同様の自己否定が働いてはいないだろうか。

しかしアイデンティティは、何も民族的なことについてだけの概念ではない。男性、女性としての生物学的な自分（性的同一性 sexual identity）をはじめ、この親、この家庭、この階級、この地方に生まれた自分といった運命的なものすべてを、自らのアイデンティティとしていかにして受容し、価値あるものたらしめるか、自ら選んだ主体的なものに転換することができるか。

エリクソンが私たち一人一人に問うのは、まさにこの課題である。

現代社会と同一性の危機

そしてこの問いが、現代にとっていかに深刻で重大な意味をもつかは、ひとたび現代社会の動向をふり返れば、おのずからあきらかである。

物質的生産力の加速度的な進歩は、価値観や生き方をどんどん変え、情報化・流動化社会は、多様な価値観を無選択に伝達し、科学・技術の進歩は、自然から与えられたもの（運命的なもの）のすべてから人間は解放されるという幻想で人々を惑わしている。女性の社会的解放は、一歩誤まると生物としての女性の特質を否定しかねないし、核家族化は、祖先、親、子、孫という連続性の中での自分を忘れさせ、空間移動力の増大は、故郷を人々から奪いそうだ。

そしてこの現代社会の一般的動向を契機として、それぞれの国民は、それぞれに特有な同一性の危機を迎えている。

すでに述べたように、まず米国社会は、米国アイデンティティそのものの拡散と統合に苦悩をつづけている。

一九六〇年代から七〇年代にかけて、ヴェトナム戦争の痛手を蒙った米国アイデンティティの危機は、被圧迫民族・人種のアイデンティティの自己主張、ルーツの探求を一挙に顕在化させた。が、やがてこの時代を経て、平和と安定は回復したものの、今や米国社会もまた、もはやいずれのアイデンティティにも帰属意識の乏しい「モラトリアム人間の時代」を迎えているようにみえる。そして本来が過剰なまでの「個」と権利の主張、アイデンティティへの希求のはげしい米国におけるモラトリアム人間の時代は、もともとモラトリアム人間的な心性をそなえていたわが国の場合に比べて、より深刻な精神的な混迷をもたらしているようにみえる。

そして、わが日本はどうか。敗戦後ひたすら、日系二世と同じように欧米的なものへの同化的適応こそ、人類進歩の方向であると信じて邁進してきた日本人《エコノミック・アニマル》の中には、国際社会の厳しい試練の中で改めて三世の心理に目ざめはじめた人々もあらわれた。たとえば一九六〇年代から七〇年代にかけての大学紛争当時は、世代間では、戦後派といわれた中年層（二世に相当する）が、その同化的適応主義を、ニュー・レフト的な青年層（三世に相当する）から批判されるといった状況も生まれた。そしてまた、いわゆる日本人論ブームは、この日本人の同一性回復への不安と焦燥の産物であったといえないだろうか。たしかに人種・民族の同一性をめぐって、限りない迫害の中でその自覚を高めてきたユダヤ人、相互の対立に悩み、お互いの独自性を尊重しつつ共に生きる道を模索する米国の人々……。ベンダサンに指摘されるまでもなく、今や私たち日本人もまた、厳しい国際環境の中におかれて、これらの人々の苦労に学ぶ時代がきているが、同時にわれわれは、その一方で、わが日本社会もまた、米国社会と同じように、しかもきわめて日本的な形で、「モラトリアム人間の時代」へと推移してきている現実を認識せねばならない。

つまり、移住ユダヤ系米人の一人であるエリクソンが見出した同一性《アイデンティティ》論は、もはや一米国社会を診断し治療する理論ではなくなっている。世界全体が、民族や国民独自の同一性の探求と、物質・技術文明による普遍化・画一化の動向を主体的にどう止揚するかを、それぞれ自分なりの課題にしはじめているからである。そしてエリクソン自身は、それぞれの民族・人種アイデンティティを求める動向が、結果的に偏狭・排他的な民族主義やナショナリズムへと人々を駆り立てる危険を戒めるとともに、むしろ、それぞれの民族・人種の偏見を超えた、より開かれた普遍的モラルを求める時代がきている事実に目を向けるべきであるという。

では、そのような普遍的モラルによる連帯はいかにして可能か。ひとえにそれは、科学・技術の進歩によってもたらされ、各民族・人種を超えて世界全体に共有される現代社会特有の心的なあり方を媒介にしてである。はじめそれは、受身的・もの的な変化として人々にひきおこされるが、むしろこれらの変化を能動的・主体的に自らの生き方へととらえ返してゆく。これらの営みを通して普遍的モラルを発見し、その連帯の中で、それぞれの歴史・文化の独自性と連続性をうちに保つ、そのような人間のあり方をエリクソンは説くのである。ちなみにこのエリクソンのやや抽象的な示唆をさらに具体的に発展させることによって私が提起するに至った現代社会の「社会的性格」としての「モラトリアム人間」論は、まさにそのような普遍的モラルをわれわれが形成する共通の主体的基盤となるように思われる。

〔参考文献〕

(1)エリク・エリクソン、小此木啓吾訳編『自我同一性の問題』誠信書房　一九七二
(2)小此木啓吾「人間の成り立ち」『現代精神分析』Ⅱ　誠信書房　一九七一
(3)小此木啓吾『エロス的人間論』講談社現代新書　一九七〇
(4)エリク・エリクソン、鑪幹八郎訳『洞察と責任』誠信書房　一九七一
(5)エリク・エリクソン、小此木啓吾訳「幼年期と社会」『現代精神分析』Ⅱ　誠信書房　一九七一
(6)小此木啓吾「アイデンティティの探求」（小此木啓吾編「アイデンティティ」『現代のエスプリ』至文堂　一九七四所収）
(7)小此木啓吾「社会変革とフロイト」『現代精神分析』Ⅰ　誠信書房　一九七一
(8)小此木啓吾「ユダヤ人フロイト」『フロイト研究』人文書院　一九七八

会社の中のモラトリアム人間

経済環境の変化とモラトリアム人間

一九六〇年代から七〇年代初頭にかけて、高度経済成長が頂点に達し、豊かな社会の中で青年期は延長し、若者文化がその花を咲かせた。ヒッピー、長髪、ジーンズ、全共闘、ニュー・レフト運動といった、さまざまの形での社会に対する青年の自己主張が公然化した。

この状況の中で、成人《おとな》世代がこの若者文化の影響を受け、逆に青年心理に適応するというプロセスがおこった。そしてこのプロセスを通して一般社会心理そのものの革新的な変化＝青年心理化をひきおこした。しかも、歴史的にみると、この青年心理そのものにも現代に特有な質的変化がみられる。このようにして「モラトリアム人間」心理は、世代を超え、現代社会に暮すすべての人々の深層心理に共有される「社会的性格」となった。

ところが、低成長、不況、減量時代を迎え、これらの経済環境の変化が、「モラトリアム人間」心理にどう影響するかが問われている。

そもそも、「モラトリアム人間」は、「猶予状態にある人間」という意味であり、その発生の要因として、社会が豊かになり、物心両面にゆとりを生じたという先進産業社会の経済条件があげられる。したがって、経済環境の変化と関連して右の疑問がおこるのは、ごく当然である。しかも現象面では、たしかに求人難から就職難へと、青年と社会の出会いの状況にも質的変化がみられ、いつまでもおとなにならない、どの社会組織にも帰属しないお客さまでいる「モラトリアム人間」のゆとりは、失われはじめたようにみえる。

しかし、実際には、ひとたび〝社会的性格〟になってしまった「モラトリアム人間」心理は、一つの心理構造として、もはや現代青年の深層に定着してしまっているので、不況や求人難そのものに対しても、モラトリアム人間的にしか対応しないものが多いように見受けられる。いやそれだけではない。最近の経済環境の変化は、いわゆる中高年層の人々の企業組織内におけるモラトリアム人間化をむしろ促進している。そして、この事実は、モラトリアム人間が「各世代を超えて、現代社会に暮すすべての人々の深層心理に共有される社会的性格となった」という私の認識をますます裏書きすることになるのではなかろうか。

しかも、この特徴は、さらに新たな心理的状況を企業内につくり出してゆく可能性がある。高度成長時代には、青年心理としてのモラトリアム人間が次第に企業組織内の中高年層に影響してゆくプロセスが観察されたが、今やその逆の方向のプロセス、つまり、中高年層の企業内でのお客さま化や帰属意識の稀薄化という現実を目のあたりにすることによる青年社員たちの心的な変化が、この低成長時代には、改めて注目されねばならない。自分たちの未来の姿を眼前にすることで、青年社員たちの企業内での生き方も、ますます自己中心的で、一時的・暫定的なかかわりを求めるようになってゆくのではないか。

そして、このような現代社会における企業組織の中の人々のモラトリアム人間化を、われわれはどのように主体的に受けとめたらよいのだろうか。

そこでまず私は、企業内の青年たちのあり方をあきらかにするために、青年層よりむしろ中高年層のモラトリアム人間化についての考察から、この課題に迫ることにしたい。

日本的マゾヒズムからモラトリアム人間へ

それまで営業の第一線で、数々の輝かしい成果をあげてきたA氏（四十五歳）は、最近の経済環境の変化の中で、その判断に狂いが生じ、会社にかなりの損害を与えてしまった。そこで彼が配置転換された先は、四十歳代、五十歳代のいわゆる中高年層の溜り場である。そこは関連企業への出向や、自発的転職の準備のために、特別な研修をうけている人々、あるいは定年まで窓際族的な日々を送る人々……からなる職場である。

それまでのA氏は、モーレツ社員型の仕事ぶりで、よい成果さえあげれば手段を選ばぬ式のやり方で活躍してきた人物だが、このやり方が結果的には、今日の失敗につながってしまった。同時に彼は、たとえ一身を犠牲にしても、率先してやってゆけば部下もついてくるし、上司の評価もおのずから高まるという自信にみちてやってきた。ところが、最近の低成長時代ともなると、彼のようなやり方に対する評価は低まり、ひとたび大きなミスを犯すと、会社側はいたく冷淡に、彼を部下から切り離してしまった。そして、エリート・コースからはずされた彼は、定年待ち同様の職場に棚上げされたのである。

これらの挫折体験のために彼は、それまで強く抱いていた会社との一体感を失い、その忠誠心のやり場に苦悩している。「今まで、無言の信頼関係で結ばれている、と思っていたんですが……」と訴える彼は、その日本的マゾヒズムがもろくも破綻した現実を嘆く。

固定した階級が存在しない能力本位の人材評価を基調とする日本的能力主義と、日本的マゾヒズムこそ、わが国の高度成長を支えた原動力であり、中高年層の人々は、その多くがこの心理傾向の持ち主である。

ここでいう「日本的マゾヒズム」とは、企業組織の中に見出される「モラトリアム人間」と対照的なもう一つの心性である。モラトリアム人間が超現代的な人間像であるのに対して、むしろそれはもっとも古典的な日本的人間像である。そして私はこの日本的マゾヒストたちが、企業組織を支え、お客さま的なモラトリアム人間たちを指導し、わが国の今日の繁栄をもたらしてきた、と考えている。つまり、それは、いわゆるエコノミック・アニマルの深層心理とみなすこともできよう。

たとえば、むかしから判官びいきという言葉があるが、源義経、真田幸村、山中鹿之助、大石内蔵助といった少年講談の英雄は、いずれも日本的マゾヒズムを美化した人間像である。彼らの共通点は、主君とかお家とか、自分以上のものにつくし、偉大な実績をあげながら、自分本位の権利は主張せず、むしろ酬われることがない。ときには周囲の誤解や不当さを耐え忍んで、自らを犠牲にする。われに七難八苦を与えたまえというこのマゾヒズムは、そのつくす対象、たとえばお家との一体感に支えられている。つまりこの日本的マゾヒズムは、①組織・集団への帰属意識が強く、むしろ組織・集団との一体感が生き甲斐であり、②たとえ正当であっても、自己の権利の主張は控え、組織・他人の利益・満足を優先させ、自分自身は我慢し耐え忍ぶつつましさを旨とする心理傾向である。しかも、この種の自分の生き方を周囲が評価し、みんなからの尊敬を得るであろうというひそかな願望を内にひめている。

ところが今やこの種の日本的マゾヒズムが、欧米的な合理化の進んだ現代の企業組織で、なかなか旧来ほどにその期待通りの成果をあげることができない場合も多くなってきた。つまり、組織や部下から、彼らマゾヒストたちがその期待を裏切られることが多くなってきたのである。この悲劇は、日本的マゾヒズムを身につけて、人の上に立っていた中堅管理者や中高年層の人々にとくにおこりがちである。そのような生き方を貫き、周囲からの信望も厚く、本人もそのことで、安定感を得ていたのに、企業組織の側は、いわばこの彼らの、無言・暗黙の期待――こうやって、黙々とやっても、どこかで、会社も上司も、自分のことを配慮し、評価してくれている――を、一挙に裏切るような処遇を行うといった事態が、低成長時代とともにますますおこりがちになってきたのである。いやそれだけではない。中高年の管理職の人々は、自分たち当事者意識の持ち主が職場を支えているのに対して、会社側が、それをいいことにして、若い職員たち――たとえばOL――のお客さま意識はそのまま許容する結果、若い連中は、たのしく、好き勝手に振舞い、自分たちは、いつも、我慢し、骨を折り、損ばかりしているという不満を味わう。そして、これらの中高年者は次第にフラストレーションにとりつかれ、悩みをかかえることになり、やがて、たとえ顕わな職場不適応はおこさなくても、定年、退職のことのみを待つ存在になり、いつの間にか、職場での当事者意識を失い、お客さま化していく。

そして、企業の中の中高年層を構成する日本的マゾヒストたちが、当事者意識をもたぬお客さまみたいな青年社員たちに、愛社精神がない、帰属意識＝忠誠化が乏しいとひそかに非難の言葉を投げかけていたのもつい最近のことのように思われるが、今や、彼ら自身の愛社精神が裏切られ、今はただひたすら自分自身の行末を案じ、「この年になって、一体どういう新しい自分を発見したらよいのか」という、社会人としてのアイデンティティの危機に見舞われている。やがては、ひたすら定年まで無事にすごすことを志す存在になることによって、あるいは、どこかの出向先でお客さま的存在として任期を全うすることしか考えぬ存在になることによって、この状況に適応することしかできなくなってしまう。

このような状況での中高年層の心理は、期せずして、かつて青年層に目立ったあのモラトリアム人間心理と非常によく一致している。

今や、中高年層社員にもまた、この種の心理傾向が、次第に顕わにならざるをえない深刻な経済環境が出現してきたのである。

進路選択の悩みとモラトリアム人間

ここで、これらの中高年層のモラトリアム人間化に先んじてあらわれてきていた、いわば高度成長時代の落し子ともいうべき青年社員たち、ひいては壮年期社員にみられるモラトリアム心理傾向をふり返ってみよう。これらの心理傾向は、潜在的には、一般職員の深層心理に普遍的に存在しているのであるが、とくにそれが顕わになるのが、いわゆる職場不適応の状況においてである。とくにそのような意味での主体と環境の相互適合性の障害として、私が注目しているのは、企業との相性、職業・職場選択の問題、役割との適合性、対人関係のトラブル、これらの各要因が、総合的に関与して不適応反応をおこす配置転換などである。

1　お客さま意識のままの入社

たとえば、まだ社会人としての自分の進路選択についてはっきりした結論を出さないまま入社してしまい、入社後にいろいろと迷う青年社員がいる。このタイプの青年社員の多くが、中学、高校時代から、あいつぐ受験に追われ、一流大学への入学も、一流会社への入社も、ベルト・コンベアーにのっけられたまま、自分の進路についての真の自己吟味なしに行われている。入れたから入るのであって、何のために、何故、どうして、というつきつめた自己吟味が稀薄である。

実は自分は、高校時代に、理科系に行きたいと思ったが、受験戦術上ついフラフラと経済学部に入ってしまった。できれば高校時代にもっと深く悩み、自分の適性を見きわめて、大学進学をきめればよかったと訴える東大卒の新入社員もいる。つまり、入社までずっと自分の人生について深く考えないまま、厳しい企業組織に入り、その現実にふれてはじめて、未確立な自己のあいまいさが露呈し、モラトリアム人間でいられなくなるのが、このタイプの青年たちである。

2　入社後一定期間経ったモラトリアム人間の危機

ところで、大多数の新入社員は、表面上はこのような不適応反応をおこすことなく、表面的な適応をとげてゆくが、だからといって、彼らがその内面においてモラトリアム人間でないかというと、決してそうはいえない。むしろ、彼らの中には、進路選択上の悩みを表立っておこさないだけに、かえって、それをあいまいにしたままベルト・コンベアーにのりっぱなしという人々も多い。会社にもあまり強い一体感をもたないし、職場の人々ともあまり深くかかわらないで、何となくお客さま的な存在をつづける。彼らは、特定の先輩、上司と親密に結びつくことを好まないし、何事についても、自分本位の身の処し方の自由を失わないように心がける。

しかし、こうした生き方が、入社後もうしばらくたって次第に通用しなくなる時がくると、そこで改めて、深刻な反応をおこす場合がある。次第に部下が出来、責任が重くなり、企業組織内での自分の立場を大切にしたいと思いはじめると、もはやお客さまでいられない時がくる。それが彼らモラトリアム人間の危機である。

たとえば、入社後六年の大卒某銀行員はそれまで表面上は順調なコースを歩んでいるように見え、本人もそれほど深刻に職業選択上の葛藤を意識しないでやってきていた。ところが本社から近郊の土地成金のふところをねらう新設支店に転勤になった。それまで本社内でふつうのサラリーマン生活を送っていたのに、新設支店となると積極的に出かけていって預金獲得にはげまなければならない。約二ヵ月、このような預金獲得のための外勤を続けているうちに彼は、ついに一日蒸発してしまった。上司の指示通りの預金獲得に成功しなかったからである。悩みぬいた彼は、自分がもともと社会学科の出身で学生時代から勉強好きな人間であった事実を思い出した。最終的に彼は退職し中学の社会科教師として再就職したのであるが、彼にしてみると職場の厳しいノルマとの出会いを通して、入社以来のモラトリアム人間のままではいられなくなり、そこで改めて自分の進路選択について、自分らしいアイデンティティを見出さねばならなくなったのである。

管理社会における「モラトリアム人間」

ところで、モラトリアム人間心理は、一見、組織への帰属意識が強く、権力志向型、同調型の価値観をもつようにみえる組織帰属型の壮年社員の深層心理をも支配しはじめている。

もちろんこのような組織帰属型のおとなたちは、少なくとも形式の上では、管理社会の中でその役割を果し、本人たちの意識面では、権力志向型、適応・同調型の価値観志向を所有している場合が多いが、それにもかかわらず、彼らのものごとの感じ方、考え方には、意外にも「モラトリアム人間」が潜んでいる。

では何故、現代の管理社会への適者が、かえって、「モラトリアム人間」の心性を身につけることになるのだろうか。ジーンズ・スタイルのブラブラ人間の若者たちと、きちんと背広をつけた組織帰属型人間が、同じようなモラトリアム人間心理を共有するというのは、一見して奇異に感じられるであろう。しかし、少なくとも内面の深層心理としては、まさにそうなのである。

1　一時的・暫定的なあり方

第一にあげねばならないのは、社会変容の急速さゆえに、多くの人々が、特定の専門技能や役割を、そして、仕事に結びついた一定の価値観を自分自身の職業アイデンティティとして、確立しがたい状況がある。もちろん、個々の企業によってこの種の技術革新や企業環境の変化のスピードが加速する時期、減速される時期にはちがいがあるにせよ、巨視的にみれば、彼らは常に変化を予期し、それに順応する心理を身につけねばならない。

そしてまた、現在の企業職員は、同一企業の中の何十年かの生活の中で、たえまないこの種の役割の変化を経験することに耐久力をもつことが期待されている。

たとえば、四十三歳、高卒、入社二五年の保険会社社員の某氏は支社の一般事務管理者であったが、本社に転勤して新しい事務機械を用いての記号組成の管理者になった。ところがこの全く新しい役割に出会うと、自信を失って、転勤早々欠勤してしまった。

しかし大多数の人々はこの種の役割の変化に巧みに適応し、ひんぱんにおこる配置転換を一つ一つこなしてゆくが、この適応の途上で、現在の企業人間は、どの仕事、どの職場、どの対人関係にも、常に一時的・暫定的にかかわり、常に待機の姿勢を内に秘める存在にならなければならない。この心理状況は、皮肉にも、権力志向型、同調・適応型の価値観をいだいてエリート・コースに生き残ろうとすればするほどおこりやすい。たとえば、同一職場で一〇年以上つとめているのは、ハイミスのOLだけで、配置転換のひんぱんなエリート型社員が、本来は企業組織内でお客さま的存在であったはずのハイミスにその職場の慣例を教わるといった事態が生じることになる。

2　責任の拡散

このような一時的・暫定的なあり方は、管理社会が、個々のメンバーによる権限の私物化を予防する目的ともおのずから合致している。みんなの意見を尊重してものごとを決める自由な発言方式の会議もまた、同様の目的をもつが、それと同時に、このような権限の分散は必然的に責任の所在の分散・あいまい化をひきおこしている。つまり権限も責任も運営組織や運営機構にあって各メンバー個々人にない、という仕組の中で、少なくとも権限の私物化—権力化を避け責任を回避しているかのようなポーズをとる方が、人々からの受けがよく、信用も高くなるが、この半人前意識の肯定・許容もまた、モラトリアム心理とその質を同じくしている。

たとえば、入社後一〇年の大卒の某氏は、約五年間本社勤務を続け、その間は、一応有能な社員として適応していた。ところが、突然、支店に転勤、営業の仕事を与えられた時にパニックをおこした。この彼の場合、五年間の本社勤務の間に管理社会に順応した責任回避・同調型の役割のとり方、ものの感じ方や考え方が、すっかり身についてしまっていた。本社内で与えられる役割も、一つ一つ過不足なくこなしていけば、次々と変わってゆく。それだけに一時的・暫定的にかかわっていけば、あまり重大な責任を背負う機会もなしに、地位が上ってゆく。そのような意味で彼は、私が「現代の管理社会の心理構造そのものが、すでに、その深層心理において、モラトリアム人間をつくり出す心理作用を内に含んでいる」という、そのような見解を裏づける人物であった。それだけに転勤によって支店の管理者となり、突然自分に大きな責任を課せられ、大いに実績をあげることを期待された時、彼は、自分自身の自我の未熟さに突然直面させられることになった。

3　常に待つ存在であること

管理社会では、一定の昇進コースがあって、年功序列か、実力本位かはともかく、いずれにせよメンバーは常に現在の自分を本当の自分とは考えていない。つまり彼らは、将来の自分を心に描いて、現在の自分は仮の姿とみなしている。三十歳代では、その企業組織内の地位や身分の上昇という枠組の中で、四十歳半ばを過ぎると、早くも定年後、ひいては、老後の自分という枠組の中で、常に将来の自分を先取りし、そのような自分の到来を待つ存在になっていく。現在の営みは、そのような自分を待つ準備期間である。

つまりこの心理傾向は、本稿のはじめに述べた企業組織の中のいわゆる中高年層の心理として、今やますます顕わなものになってきたのである。とくにこの年代の職員は、いずれも、まだ小学校から中学校位の子どもをもっているにもかかわらず、一方では高年齢社会を迎え、四十代、五十代になっても、まだ六十代、七十代の父親が財産を管理し、家庭内では、いつになっても実権をもつことができない。真の父親になることへのモラトリアムの状態におかれている人々が次第にふえているのである。そして、このような種々の心理的な重荷を背負いながら、青年が入社する前後と同様に、今後の人生についての再選択を強いられている。したがって、非常な心的ストレスの下で深刻な自己選択の苦悩に陥るわけである。ところが、これを企業組織内の人間としてみると、もはや彼らは、現在の職場への適応は常にその企業外での将来とのかかわりでしか意味をもたなくなってしまう。つまり企業内での定年までの営みはいわば退職後の第二の人生のためのモラトリアムの期間ということになる。この心理状況は、現代の若者たちの、そして青年期延長型青年たちのしらけや四無主義にも共通するモラトリアム心理である。

個人主義・合理主義から日本的マゾヒズムへ

以上述べた見地から、職場不適応の人々を考察すると、はじめから、モラトリアム人間的なあり方をしていたり、管理社会の中でモラトリアム人間化していたところ、それではすまぬ当事者の立場に立たされて、未確立な自己のあいまいさを露呈させる人々のパニックと、むしろ日本的マゾヒズムにもとづいて企業との一体感の中で忠誠をつくし、まだモラトリアム人間としての適応方式を悟ることのできぬ人々、換言すれば、「要領が悪い」「マジメすぎる」「融通がきかない」といった評価を受ける背負い込み型の人々の挫折とモラトリアム人間化に大別できそうである。

しかしここで私は、さらに職場不適応の第三のタイプをあげたい。それは、欧米の合理主義・個人主義を身につけ、日本的能力主義とのちがいをわきまえぬまま、実力本位、業績本位に力をふるい、それに伴う正当な自己の権利を主張する自己主張型の人々の運命である。

たとえば、四十五歳、大卒のある商社マンは三年間のロサンゼルス支店勤務中に、米国の能力主義・合理主義をすっかり身につけて、帰国した。そして彼は、本社内でも精力的に、米国流のやり方を実践し、大いに業績をあげた。そこで勢いを得た彼は、次々と改革策を提出し、時には上司、先輩の事なかれ主義を批判すると同時に、自分の実績をきちんときちんとレポートして、理づめで、会議にのぞんだ。時には、会議での口論（本人は討論のつもり）も辞さなかった。やがて、彼について、高慢だ、思い上っている、義理・人情を解さぬ、米国に行って人が変わった、といったひそかな非難が流れはじめ、一見ごく自然な形で閑職に配転されてしまった。愛社精神に燃えて努力してきた彼にしてみると、会社から裏切られたように感じたが、実は彼は日本的マゾヒズムの原理に、あまりにも無知だったのである。

つまり、われわれ日本人は、多少とも、青年時代には、西洋風の個人主義・能力主義・合理主義の生き方で、大いに能力を発揮し、中年ともなると、次第に、里帰り、本卦帰りなどといわれるような、日本人帰りをはじめる。この転換にはある程度の挫折体験も必要だが、そこで身につけてゆくのが、日本的マゾヒズムの原理である。もしそれが身につかないと、若い間は有能視されても、やがて人の上に立つ身の上になると、人々から尊敬を受け、心服した部下をもつことができない。

そもそも自分の骨折りや貢献や被害についてさえも、正当な権利を主張すると評判が悪くなるのが日本社会というものである。合理主義的なギブ・アンド・テイクを公然と主張したり、たとえ正当であっても、それに対する報酬や評価を自分から要求したり獲得したりする人物は「利己的である」「虚栄心が強い」「金権主義者」「計算高い」などという悪評をあびせられる。むしろ、日本的な適応方法は、自分からは権利を主張せず、ギブ・アンド・テイクの交換の原理を無視し、相手に「借」の意識をつくり出す。その無欲な態度によって人々に尊敬の念をいだかせてゆく。

このような日本的マゾヒズムを徹底してゆくことが、日本社会での指導者としての資格である。一見、謙虚で無私で、自分から率先して重荷を背負い、決して人にやれとはいわないし、愚痴もこぼさない。しかし、まわりはそのことに、自然と罪悪感を感じ、この人物の心をあれこれ忖度して、それに従おうとする。これが日本的な指導力の秘密である。

したがって、この日本的マゾヒズムをどんなふうに身につけるかが、職場の管理者、人の上に立つ立場の人々にとっての最大の課題であった。ただ単なるモーレツ社員であったり、実力競争主義や能力主義の人物は、若いうちは便利なコマであり、有能な戦力ではあるが、中年期に入ると、それだけでは、人の上に立つ資格に欠けるきらいがある。

その意味で米国帰りの有能な彼が、もしも自分の功を誇らず、あえて自己主張をひかえていたなら、と大いに惜しまれる次第である。しかし、ここで私は、本稿の冒頭で、日本的マゾヒズムの破綻を論じ、終りに近づいて、ふたたびその意義を説くという矛盾に逢着している。実はこの矛盾は、私の論理の矛盾ではなく、わが国企業がいまの現代社会の中でかかえている矛盾である。一方で、いまだに終身雇用制にもとづく企業との一体感を前提にした日本的マゾヒズムが期待される人間像として人々を支配し、他方で、これらのマゾヒストたちからなる中高年層の減量を企てる。その矛盾した二つの方向は、事実として並存している。

おそらくこの矛盾は、ますます深刻化していくにちがいない。そして、日本的マゾヒズムは今後もやはり、人の上に立ち、人を動かす原理として働きつづけることであろう。その結果、もし米国であれば、減量のような動きは、契約主義と個人主義に拍車をかけるが、わが国の場合には、ますますモラトリアム人間化への道をたどることになろう。何故ならば、モラトリアム人間化は、日本的マゾヒストから企業への一体感と忠誠心、帰属意識を差し引いたところからはじまるからである。

モラトリアム人間からプロテウス的人間へ

以上述べた三つのコースのいずれをみても、やはり現在、企業組織の中で生き抜く課題は、受身的、他動的にひきおこされるモラトリアム人間化を、どのように主体的に受けとめ、これを能動化し、自らの生き方へと昇華してゆくかにある、ということができよう。

高度成長時代であればまず、能力主義で一定の実績をあげ、その一方で、組織の一員としての安定した存在を保つ上で、モラトリアム人間心理を身につけ、さらに、年とともに、日本的マゾヒズムを体現することで、人の上に立つ資格がそなわってゆく、というのが、わが国における企業組織の中の人間の、ライフ・サイクルに即した、着実な歩みであり、それが組織適応型の人間の日本的原型であった。ところが、最近の経済環境の変化に伴う中高年層のモラトリアム人間化は、もはやこのような高度成長時代の日本的人生設計の図式の達成を困難にしている。

もはや、年とともに、人の上に立つ自信も深まり、その企業との一体感もますます強まるというふうな人生コースを思い描くわけにはゆかない。むしろこの企業内の自分も、一時的・暫定的な存在であり、企業外での、退職後、転職後の自分を常に準備する心構えが期待される。しかし、もしこのような心理傾向をただ受身的に経験しているだけでは、中高年層の今後はまことに淋しく、苦痛なものになってゆくおそれがある。

むしろ、ここで私はすでに現代青年たちについて見出される、新しいタイプの適者像＝プロテウス的人間を青年世代のみならず、中高年層の人々も、積極的に自らの生き方として身につけていくことを提案したい。

「プロテウス的人間」とは、米国の精神科医ロバート・J・リフトンが一九五〇年代に命名した現代社会の新しい人間のスタイルのことである。ギリシャ神話の中のプロテウスは変幻自在で、恐しい大蛇、ライオン、竜、火、洪水など、何にでもなることができる神である。それになぞらえたプロテウス的人間は、プロテウスのように変幻自在である。あくまでも自分を一時的・暫定的な存在とみなし、次々に新しい仕事、職種・役割に同一化して変身を遂げてゆく。しかも彼らは、自己の人生の各段階における、それぞれの自分について、自己の能力を十分に発揮し、一定期間は、その道での専門家・第一人者になる。

しかしそれにもかかわらず彼らは、どの段階での自分も最終的な自分とは限定しない。最終的な自己選択を回避し、常により新たな自己実現の可能性をのこす。つまり彼らは、永久的にモラトリアムを保つと同時に、このモラトリアムに居直り、むしろそれ自身を自分のアイデンティティにする。プロテウス的人間は、アイデンティティの拡散を、積極的に肯定し、暫定的・一時的な社会的存在であることと自身を新しい同一《アイデンティティ》性として自己を実現してゆく人間である。

かつてこのタイプの人間は、意志薄弱型青年に多くみられ、とてもものにならない、と考えられていたのであるが、今やこのプロテウス的人間が現代の適者になろうとしている。いやむしろプロテウス的人間としての資質がなければ、とてもこの変動社会を生き抜いてゆくことはできない。一人の人間の人生周期《ライフ・サイクル》一つをとりあげても、高年齢社会に生きる人々は、同一人物がいくつかの時代を人生の各年代で次々に経験し、そのたびに古い自分を棄て、新しい自分の生き方、価値観、社会的役割を身につけ、自己を変身させねばならない。

ただ、このプロテウス的人間を実現してゆく道は、必ずしも安易な道ではない。現在のわが国社会におけるこの実現は、未解決な数々の課題をかかえている。

第一に、アメリカ的社会で唱えられたこのプロテウス的人間は、徹底した「個」の自立を前提とした人間像である。したがって、もしわが国の日本的心性の上にそれを実現するためには、それなりの日本化の道が求められねばならない。たとえば、われわれ日本人の場合は、企業組織や特定の集団と個の間の一体感さえ保たれていれば、その中での個の変化には意外に豊かな柔軟性を備えている。

あまりにも強い個＝自我の主張が柔軟性を欠き、現代の技術革新に遅れをとっているのが、欧米の人々であるとすれば、むしろそれに比べれば、日本人の方がプロテウス的な心性を先天的に備えていることが、今日の経済発展の要因である。ただしかし、今、われわれに課せられているプロテウス化は、そのような日本的自我の柔軟性を支えていた終身雇用的な一体感そのものの喪失に耐え、帰属集団を変えることに耐えることのできるような自我の柔軟性である。はたしてこのような支えなしの自我の形成がわれわれにとってどこまで可能かが、今まさに問われようとしている。

第二に、たとえ本人たちが甘えをすて、一体感をすて、今まで以上に個人主義に徹し、職場、企業の変化に合わせてたくみに自己を変身させていくプロテウスたりえたとしても、はたして周囲の環境が、そのような人間像を適切に評価するであろうか。

いまだに〇〇会社の〇〇部長、〇〇大学の〇〇教授といった、所属集団の権威がものをいい、その肩書がないとたんにその個人の評価も下がってしまうような心理構造が変わらないかぎり、プロテウスたちは、よりよい自己評価を獲得することができない。その意味での社会全体における人間像の変革が伴わねばならない。

しかしこの二つの課題について私は、必ずしも悲観的ではない。何故ならば、私が主張するように、すでに現代社会は、無帰属・無党派の人々、明確なアイデンティティをもたない、自己中心的な人々の生活感情を、旧来に比べてはるかに尊重し、それらの人々の声を無視できないモラトリアム人間の時代を迎えているからである。

このようなモラトリアム人間心理は、今や一つの社会的性格となり、この社会的性格を外的に公然と体現する無帰属派の人々と、その社会的性格を内的には共有しながらも立場上はこれらの人々を管理し支配する実権派の人々との対立という図式がますます明確化してきているからである。その意味でいずれは現代に生きるどんな人間も、この社会の中で適者たるためには、何らかの形でプロテウスたらざるをえなくなるにちがいない。

中高年層の人々におけるこのような社会意識の変革は、おそらくすでにモラトリアム人間化している青年社員たちにもさらに大きな影響を与えるであろう。一見前者はより深刻で、より苦痛の大きい立場、後者はより気楽で、のんびりとした立場で、という違いはあるにせよ、そこには共通した社会意識と生き方、そして人生観が見られる。そしてこの両者が互いに共鳴作用をおこす過程は、企業組織内の人々のモラトリアム人間化を、さらに促進していくにちがいない。そして、やがては「モラトリアム人間」というと、ブラブラ青年の代名詞といった実感はうすれ、そのような青年像が人々にとって特別な名称を付与するに値するほど特異なものではなくなる時代になるにちがいない。すべての企業人間が、モラトリアム人間になってしまうからである。

おそらく、きわめて巨視的な見方をすれば、厳しい国際環境の中で、高度成長から低成長へと方向転換を余儀なくされているわが国は、右に述べたような社会心理的な変化を遂げることを介して、働きすぎとか、エコノミック・アニマルとかいわれてきた国民性そのものからの脱皮を遂げていくことになるのではなかろうか。

モラトリアム企業論

各企業とモラトリアム人間的性格

私は、モラトリアム人間が現代人の社会的性格になってしまった、と主張しているが、この社会的性格は、それぞれの企業の、社会におけるあり方にもみられるのではないか。

そこで私は第一に、それぞれの企業の社風とでもいうべきものについて、第二に、企業と社員との相互関係について、第三に、企業と社会・国家とのかかわりについて、この課題を論じたいと思う。

一概に企業といっても、まず第一にその企業の種類、機能の違いによって、それぞれの心理的性格にはかなりの違いがみられる。季刊『経営問題』(中央公論社、昭和五十三年秋季号)で、私は、商社、デパート、電機メーカー、繊維といった、各企業の人事課長クラスの方々と座談会をもったことがあるが、その時痛感したのは、まさにこのことであった。

商社は、モラトリアム(猶予期間)どころではない、常に戦時体制である。弱きものは敗れ、強者が勝つ、社員のノイローゼなどゆっくり面倒みているゆとりはない。そうした切迫感がひしひしと伝わってきた。ところが、私が比較的なじみ深い銀行とか、生命保険会社、（もし学校をも企業とみなすなら、学校）は、はるかにモラトリアム的である。この両者の違いを一言でいうと、それは企業のもつ時間感覚の違いである。商社などでは、仕事の性質が、短期決戦的な場合も多いが、銀行、保険会社、不動産会社などでは、むしろその時間感覚が、基本的には、長期的で、待ちの商売という性格をそなえている。しかもこの待ちの商売は、相手が困ったり、ゆとりのない時に、相手を助け、相手が立ち直るための猶予期間を提供するのを一つの社会的役割にしている。最近の、ロッキード、グラマン等の航空機売り込み事件の場合も、商社、そして生産会社では、よりよき売り上げ成果をあげて生存競争に勝ち抜くためには、手段を選ばぬ現実主義が批判の対象になっている。それに比べて銀行、保険会社は、いわば信用第一の企業である。積極的に何かをやりすぎて評判を悪くしたり、失敗して名誉を傷つけるくらいなら、何もしないでじっと待つ方がよい、という社風がおのずから成立している。つまり、これらの企業は、その企業のあり方そのものにモラトリアム人間心理との親和性がより高いようにみえる。

第二に、その企業が、どれだけの大きさ、どれだけの公共性をもっているか、どれだけ私的性格から脱皮しているか、が問われるだろう。たとえば、その最たるものが、官庁、お役所であり、三公社五現業であろう。もともと私のいう、「管理社会の中のモラトリアム人間」心理は、お役人にとっては、必ずしもそう目新しいものではない。その企業が公共性をおびればおびるほど、誰のもの（＝私有物）でもなくなる。誰のものでもなくなればなくなるほど、その企業に対する社員たちの帰属意識は漠然としたものに拡散しがちである。もちろん、人々に、公的なもの、社会的なものに対する帰属意識が強く、むしろそれらへの帰属意識が、人々の自己評価＝誇りを高めるような社会・時代であれば、その企業が公共的なものであればあるほど、職員はそれを誇り、その帰属意識は強いものになるかもしれない。しかしながら、もはや現代では、企業がより大きく、より公的なものになればなるほど、それは誰のものでもなくなってしまう。むしろその意味では、より小さい、中小企業的な企業の場合の方が、職員個々の利害と企業の利害が直接的に顕わであるだけに、職員も自分の会社という帰属意識をいだきやすく、それぞれの当事者意識も保たれやすい。社長とか部長とかとの人間的なふれあいや直接の結びつきが、そこではまだ個々の職員の、職場の精神活動を左右する度合が高い。

第三に、それぞれの企業の、企業年齢とでもいうべきものが、現在、どのような年代にさしかかっているか、が問題になる。まだ創業して日も浅く、次々と新しいプロジェクトが組まれ、企業そのものが成長過程にある場合なら別だが、すでに成熟段階を迎え、その企業をつくり上げ、運営し、実権をふるうのは何か特別な人々である場合、他の人々は所詮既存の組織と体制に組み込まれ、その中のお客さま的存在としてしかやってゆけない。そのような雰囲気が職員の間に共有されているなら、モラトリアム人間心理は、比較的容易にひろがってゆくことだろう。

自分たちの努力次第で、企業の運命がどんなふうにでも変わってゆく。自分たちの力によって、企業の方向も企業の生産性も、どんなにでも左右することができる。企業というものが、そんなふうに身近な、手のとどくものであればあるほど、職員と企業の一体感はそれだけより強いものになる。そして企業の成長期には、職員と企業の間にそのような一体感がいだかれやすいのは、たしかである。

企業と社員との相互関係

企業と社員との相互関係を論じるためには、個々の社員のことを個別的に語るよりも、企業職員の全体を構成する幾つかの階層について述べる方が適切である。

たとえば、最近、いわゆる中高年層の減量問題がしきりに口にされるが、この場合の中高年層も、そのような階層の一つである。つまり階層とは、共通の年齢、職種、性別、学歴などからなる集団を意味する。ではこの観点からみて、各企業の中で、モラトリアム人間心理をいだきやすい階層とはどのようなものであろうか。

その第一にあげられるのは、やはり、いわゆるOL階層であろう。彼女たちの大多数は、結婚して家庭に入るまでの一定期間（高卒なら七、八年間）その企業の中で職員になるが、その企業の主体＝当事者になる可能性はきわめて少ない。所詮二十五歳定年説の描く図式に従がうお客さま的存在である。それだけに彼女たちは、企業の中の自分を本当の自分とは考えていない。むしろ、結婚して家庭に入り、よき妻、よき母となる自分を、もっと本格的な自分と考えている。もちろん、特定の専門職や、特別な才能に恵まれた少数のエリート女子社員もいないではないが、あくまでも彼女たちは例外的存在である。つまり、ＯＬたちは、結婚までのモラトリアム（猶予期間）をたのしみ、その期間中に結婚の準備をととのえるために、企業の中に存在しているのである。

第二に、このＯＬたち、とくにその女子若年階層と双璧をなすのが、男子中高年階層であろう。中年を迎えるにつれて、すでに社内での地位やこれから先の見通しもはっきりしてくる。なかには、途中から別の系列会社や子会社への転出もおこりそうである。それまで、企業に対して強い一体感をいだいて、献身的に働いてきた人々も、急速に企業と自分との間の心理的な距離を意識しはじめる。帰属意識はうすれ、次第に企業の中でのお客さま化してゆく。その最たるものが、いわゆる窓際族であろう。もはや、会社とのかかわりも先が見え、一時的なものになり、本当の自分は定年退職後か、子会社転出後の自分になってしまう。会社の中での当事者意識は稀薄化し、自分の人生のことしか考えられない待つ存在と化してゆく。

第三にあげられるのは、大学を出て就職はしたものの、依然として自分を「青年」だと思い、まだしばらくの間は、会社の組織や特定の派閥、人脈の中に組み入れられたくない。まだ自分の可能性を狭めてしまいたくない。会社や職場とのかかわりを、仮のもの、一時的・暫定的なものにしておきたい。あまり深いかかわりはもちたくない。会社と自分との間に一線を画し、自分の私生活が会社生活によって乱され、失われることをおそれている。そのようなことがおこらないように、できるだけお客さま的な存在でいようとする。この種の青年社員は、表面は、従順で、大きいものにはまかれろ的でおとなしい。調子もいい。しかしそれは、自分を主張することによって、周囲、職場と摩擦を生じたりすれば、それだけ職場や周りの人々とのかかわりが深まり、当事者になってしまうのをおそれるためである。

第四は、いわゆる管理者やエリート社員といわれる人々である。これらの人々は、一見してモラトリアム人間とは対照的な立場に立つようにみえる。しかしながら、その内面の心理傾向を深く探ってゆくと、意外にも彼らもまた、モラトリアム人間的である。彼らは、責任ある地位にいるが、そうであればあるだけ人々の評価に過度に神経質である。失敗や非難を極度におそれる。しかも管理者は、多くの場合、ミスやトラブルが生じるときに責任をとらされる立場に立たされるにしては、その実質的な権力は著しく薄弱である。一見して、個々の管理者の権限で行われているかのようにみえる行動も、実際には、上からの命令や指導によるものが多い。また時によってそれは部下たちの意見や要望によるものである。管理者として、適切にその業務を果すことができるためには、自分の意見や主張をあまりはっきり主張することなく、むしろ上下の人々の気持、方針、要望を的確にとらえて、その声の表現者になることが期待されている。つまり、これらの管理者たちもまた、何時の間にか、会議の席ではお客さま的になり、自分から何かの当事者になろうという積極性をもたぬ方がかえって適応がよいことも多い。同様のことが、いわゆるエリート・コースを歩む人々にもあてはまる。エリート・コースを歩みつづけるためには、とにかく、まずそれぞれのポジションに関して無事に任期を全うすることが大切である。その期間中に、何か事がおこって当事者になり、責任上積極的に働けば、その時はよいかもしれない。しかし、時代、派閥、人脈が変わる時には、それが裏目になることも多い。エリート・コースを意識すればするほど、ソツなく、中立的に、ものごとに対処してゆく処世術に長《た》けた心理傾向を身につけてゆく。

国家・社会と企業とのかかわり

現代社会では、自由競争を基本原理とし、国家的な統制を排し、国家への忠誠も、むしろ棚上げしたところで、各企業が活動するのがタテマエになっている。しかしそれだけに、各企業の国家・社会に対する帰属意識は、一般市民同様に稀薄化せざるをえない。それぞれが自分本位で、国家・社会のことに当事者意識を欠くのは、やむをえないことであろう。しかしながら、実質的には、現代のわが国社会において、人々が一定の共通目的をもって、働き、生き甲斐を得、生活一般の、そしてまた病気や事故の場合の保護を得るのは、もっぱら企業を通してである。つまり、企業は、一般市民生活の依存対象であり、国家・社会全体の視点からみて、もっとも重要な主体である。さらにまた最近の公害問題一つとりあげても、今日の企業のさまざまの社会行動は、社会一般に、そしてまた国家的な問題に大きな力を振っている。同様のことが、円高、エネルギー問題についてもあてはまるし、ひいては中高年問題もまた、一方では企業内の問題であると同時に、深刻な社会問題である。

にもかかわらず、企業そのものは、これらの国家・社会の問題に対して――少なくとも国家・社会全体の問題という意味での――当事者意識が稀薄で、それぞれの企業にとっての、自分本位の対応策しか考えようとしない。それ以上のことは、誰か、たとえば、国家が何とかしてくれるだろう、いやすべきだ。だから自分たちはそのような意味での当事者ではない。企業そのものが、国家・社会に対して、このようなモラトリアム人間心理に支配されてゆくにつれて、一般市民の場合のそれとは次元の違う重大な事態が生じるおそれがある。何故ならば、現代社会の中での実力者である企業が、その実態とは矛盾した社会意識しかもたないために、意識と行動の自己矛盾が深刻化してゆくおそれがあるからである。自分たちの国家・社会における位置づけについて明確な自覚を欠いているにもかかわらず、しかも巨大な影響力を振う存在。モラトリアム人間化した巨大企業は、そのような無気味なマンモスとして、われわれを脅かしているようにみえる。

中高年サラリーマンの心理

喪失の年代

某一流企業のA課長。彼は、五十歳になろうとするところで、子会社への転職をすすめられた。定年まで少し時間があるが、今のうちに、子会社の部長になっておいた方がいい、といわれた。理性では、その方がよいとわかっても、すぐには心が決まらない。どこか心の一隅で、このまま部長にという思惑もあった。しかし、その夢は、無惨にも打ち砕かれた。その時のショックは、目の前が真暗になるようなものであった。何とか、このまま会社に居すわれる道はないか。あれこれ思いをめぐらしたり、上司とライバルの同僚が、自分を追い出そうとして策謀した結果ではないかと心の中で彼らをうらみ怒りもした。しかし、これはどうしても子会社に行くよりほかはないと観念した時、突然不安が彼を襲った。今まで「○○のAです」というその肩書を、どんなに心の支えにしていたかが痛感された。せめて娘が結婚する時までは、「○○のA」でいたかったのに、と悔まれもした。はたして子会社に行ってちゃんとやれるのか。今までは、部下にやってもらっていたことも、小さい会社ともなると自分でやらねばならないらしい。部長というのは名のみで、少数の部下しかいない。子会社には、それなりのプライドがあって、親会社からの天降りに対して、かげではいろいろ排斥もあるという。丸の内にあるこの一流会社に三〇年近くつとめた彼は、もはやこの丸の内界隈や夜の銀座ともお別れかと思うと、それだけで癌の宣告を受け、残り少ない一年間を、万感の思いをもって生きる人と同じような人生の激変を体験した。そして、このような迷いと未練の数週間を経て、とうとう彼は、退職と転職の決定を上司に申し出たが、それから数日は、重苦しい鬱に陥ち込んでしまった。幸いにも、この長年勤めなれた一流会社のエリートとしての自分を失うという喪失体験から立派に立ち直った彼は、子会社での適応もよく、現在は元気よく、第二の人生の道を歩みはじめている。「今思えば、あそこで、気持の切りかえがついて、こうして、地道にやるようになれて、かえってよかった」。たしかにあの時、ズルズルと定年までいても、それから先は、もっとみじめだったろう。

このA課長と同じような喪失体験を、さまざまの形でもつのが、いわゆる中高年層である。献身的につとめてきた会社からの訣別。とりわけ終身雇用的な一体感の中で、青年時代からのすべてを会社に注ぎつづけたにもかかわらず、その一体感を、会社側から一方的に裏切られる。大会社員としての一流意識の断念、やりつけた仕事、役割の放棄、職場での親しい人間関係からの別れ……。定年が近づく時、いわゆる中高年層の減量の対象となる時……、誰もが、共通の喪失体験を避けるわけにはゆかない。しかも、この年代の喪失体験は、会社生活の上だけにかぎらない。

家庭内では息子・娘の親離れがおこる。進学、就職、結婚で愛する子どもたちが、家から離れることもあれば、たとえ同居していても、精神的な断絶、時には、反抗といった種々の苦痛を伴う子離れの悲哀を味わわねばならない。

失うものは、自分の外にあるものだけではない。たとえば自分自身の健康。体力の老化や種々の成人病が迫ってくる。とくに精神面では、健康に関する自信の喪失や不安から、若い時からの活動性を失うことが、老化や病気そのもの以上に、より大きな心理的影響をもたらす。換言すれば、それが精神的な老化につながるのである。好きなタバコはもちろん、アルコール、甘いものも節制せねばならない。こうした節制は健康管理上大切ではあっても、中高年者から精神的なたのしみを奪うおそれがある。少数のエリートはともかく、中高年者の多くは、若い頃からの消費的なたのしみをもつゆとりも制限され、収入の多くは、住宅ローン、子どもたちの教育費、結婚資金などにもっていかれてしまう。

このような喪失体験が、現実におこり、たのしみが制限されてゆけば、よほど強健な精神力の持ち主でも、時に鬱に陥るのは無理からぬことのようにみえる。

人生設計の変化とモラトリアム人間化

社会の中で特定の組織・集団に強い帰属意識をもつことがなく、社会の運営に対する当事者意識をもつことができない。むしろ、社会におけるお客さま的存在で積極的に生産活動することよりも、養われ、面倒をみてもらう立場におかれる。

中高年者は、ごく少数のエリートを除けば大多数は、次第にこのようなモラトリアム人間と化してゆかざるをえないようにみえる。何故ならば中高年者が、その後半生について、確固たる社会的自我＝アイデンティティを、新しく確立し直すことは、著しく困難だからである。その結果、彼らは、社会から、猶予期間（モラトリアム）を与えられた、もはや一人前でないような心理状態におかれたまま、年を取り、人生の終るのを待つ、受身の存在と化してゆくおそれがある。

このような、中高年者のモラトリアム人間化を促進する要因として、現代社会における、人生設計の変化をあげねばならない。

そもそも現在の中高年者、たとえば昭和ヒトケタの世代が共有する人生設計は、上昇型であった。彼らのほとんどが、青年期に立てた人生設計は上昇型で、仕事も一生の仕事、職場も終身雇用で一生の職場、しかも、年を取れば取るにつれて、地位、収入の上昇が伴い、周囲からも敬われ、世の中での発言権も強くなってゆく。長幼の序、敬老精神、年功序列といった価値観が中高年者のプライドを高め、肉体的老化は、これらの上昇型の社会・人生経験によって十分に補われるはずであった。しかしながら、もはや現代社会では、この種の上昇型の人生設計はもろく崩れはじめている。平均寿命が延び、高年齢化社会を迎えて、これからは、下降型の第二の人生設計をも十分に組み入れた人生設計を立てねばならない時代になっている。すでに述べたさまざまの喪失の体験は、いやおうなしに、中高年者の「自分の人生もいよいよ下降しはじめた」という感覚を促進する。必ずしも中高年者にかぎらず、今や現代社会の人々は、すべて上昇↓下降型の人生設計を立てなければならないのであるが、今まさに中高年の年代を迎えている人々は、次のような意味で、そのような人生設計の変化の焦点になっている観がある。そしてまさにこの点に現代の中高年者に特有の苦悩がある、ということができる。

つまりそれは、社会そのものの変化に伴う、人生設計の変化と、今まさに自分で中高年の年代を迎えての各個人としての自分自身の人生設計の変化が、それぞれの個人的人生経験の中で共鳴作用をおこしている、という事実である。その結果、現代の中高年者は、とりわけ危機的な存在にならざるをえない。

つまり彼らは、自分たち自身が、この人生設計の変化の最初の経験者であるために、いわば、前人未踏の高年齢化社会のパイオニアにならざるをえないのである。したがって、中高年者は、第二の人生について、自分たちが、いったい、どんな生き方をモデルとしたらよいのか、本当の意味でのお手本をもっていない。マスコミで老後の生き甲斐やら新しいライフ・スタイルやらを宣伝したところで、その多くは、多年にわたる経験のつみかさねの重みを欠いた思いつきや、単なる予測での発言である。むしろわれわれは、中高年者のみならず、現代社会を共に生きるすべての人々が、未だかつて人類が経験したことのない高年齢社会に突入しているという現実認識と、それ故に、まだ誰も、本当には経験したことのない人生のあり方について論じあっているのだという事実を、率直に認めた上で、中高年の精神問題を考えてゆくべきなのではなかろうか。

しかし、そうであるからこそ、中高年者は、現代の青年がまた別の形で経験するアイデンティティ（社会的な自我）の確立のむずかしさと、共通した困難に出会わざるをえない。青年の場合にも、旧来の伝統的な人間の生き方が見失われ、何に同一化してよいかわからないという心理から、ひいては、何にも同一化したくないという心理に至る拡散した心的状況に陥らざるをえない社会的現実がある。たとえば、中高年者が今まさに自分のこととして経験している第二の人生についてのとまどいや不安は、そのまま、今青年期にあって、これから企業に入り、社会人としてやっていこうとする若者の人生設計にも必然的に影響を及ぼす。

換言すれば、中高年者の苦悩は必ずしも高年齢社会化の産物という側面だけからはとらえきれぬ、現代社会全般の社会的性格＝モラトリアム人間化現象の一つとみなす必要がある。

強いられる自己変革

旧来の社会であれば、青年期に選んだ人生コースは、生涯にわたるものであり、中年までの間に確立した社会的自我は、その後の人生＝老後を保障する拠り所になるはずであった。むしろ、その意味では、中高年の年代になれば、青年期―成人期―中年・初老期というライフ・サイクルの各段階で形成してきた社会的自己がますます強固になり、より偉大なものになってゆくのが、旧来の図式であった。ところが今や、中高年者は、五十歳から先の、二十年、三十年の第二の人生に適応するために青年期に匹敵する第二の自己変革を強いられている。青年期の場合には、幼少期から親との間で家庭の中でつくり上げた自己を変革して、親を離れた家の外に新しい自己を発見せねばならなかった。しばしば口にされた青年の危機は、まさにこの自己変革の過程でおこる。ところが、中高年者は、種々の喪失体験によって、次第に、それまでの古い、暮しなれた自己からも別れてゆかねばならない。そして、喪失を超えた、新しい世界を発見せねばならない。そのためには、新しい自己を再構成せねばならない。そして、その自己変革の過程で中高年者もまた、危機を経験する。その危機の中で彼らは、喪失の体験のみならず、これから先どうしたらよいのか、という将来についてのとまどいと不安をおこす。ところがこれから先は、前人未踏の世界ですでに確立された人生の図式も与えられないし、何を、生きる上での社会的拠り所にしたらよいのか、アイデンティティを求める気持は強くても、それを発見することは困難である。ちょうどその心理状況は、現代の青年が、親離れをしようとしても、社会の側に、青年たちのアイデンティティへの希求をみたし、叶えてあげる確固とした拠り所や、帰属すべき組織・集団も明確には存在しなくなっているのと軌を一にした心的状況である。

中高年者へのすすめ

では、中高年者は、ただいたずらに失意とあきらめの中で次第に老化してゆくほかないのであろうか。私がすすめたい心構えは次のようである。

第一に、青年期の自己変革との違いをよくわきまえるべきである。青年期に選んだ自己は、何らかの意味で、親離れ、家離れの遠心的な方向に向っていた。しかし今、中高年者は、この再度の自己変革の機会に、親返り、里帰りの求心的方向に向うのが必然の成り行きである。そのような方向で自己自身のより大きな成熟と統合が可能になってゆく。決してそれは子ども返りではない。青年期以来、忘れていた、自分の育ちを改めて思い出し、青年時代以後、自分から切り棄て、追い出していた、親・兄弟・故郷の中でつちかわれたなつかしい、自分らしさをとりもどす好機である。とくに日本人の多くは、青年時代には、欧米的な自我に同一化するのが至上命令である。この機会に、再び、自分たちの心をつちかった日本人的な心構えを、肯定的に評価してほしい。

　第二に、これまでは、専ら外に目を向け、外面的な収入、地位、職業上の成果……に価値をおく人生観で暮してきた人々は、これからは、より内面的な精神生活に心を向け変えてほしい。それはまた同時に、内面的な自己の感情や体験を、これまで以上に深め、理解してゆくたのしみをつくり出してゆくにちがいない。たとえば、若い時によんだ小説を改めてよみ返してみた場合、自分自身が、一つの人生を、自分のものとして経験した上で小説の主人公の生き方、感じ方と、自分のそれを比較する時、若い時とは全くちがった実に沢山の新しい感動や認識が生まれる。若い時には意味のわからなかったことも、よくわかる。そして若い時と現在との自分自身の変化を知ることは、自らの内面的な成熟についての精神的な自信になってゆく。

　第三に、同じ時代に生き、同じ歴史を共にした同世代の仲間、同じ人生を共にしてきた妻、同僚たちとの間でのよき人間関係を、積極的につくり出し、維持してほしい。彼らは、人生のよき伴侶である。これらのよき伴侶との間の、愛、憎しみ、争い等々も、年を取ればゆるしあえるなつかしい話題になる。そのような、コミュニケーションを共有することのできる人生の伴侶を大切にせねばならないだろう。

第四に、心の若さを失わないでほしい。ここでいう心の若さとは、常に新しいものに対する新鮮な興味・関心、自分の心の成長・発展の可能性に対する希望のことである。これからの第二の人生が、未知の新しい実験であるという自覚をもって生きてゆくことと、この意味での心の若さは一つである。既成のものでない自分のための新しい生き方を自分らしく新たにつくり出すのは、自分自身のほかにはない。そのような心構えのあるなしによって、これからの二十年、三十年の人生の意義も、大きくちがってしまうのである。

母親のモラトリアム人間化

母性愛神話

父親・母親であることだけに、資格試験がないのはどうしてなのかとは、しばしば口にされる言葉である。

旧来からも、母親はともかく、父親が父親らしくなり、父性愛をもつようになるのは、赤ん坊が少し育って、笑ったり、言葉を話したり、甘えたりするようになってからだと考えられている。つまり、父性愛は本能的というより、子どもと父親との相互作用の中で次第に形成されてゆくものとみなされている。したがって、父親と子どもの間には、母親とのそれに比べて距離があるのが普通である。これに対して、母親はすでに子どもを身ごもった時から、自己の一部として子どもに一体感をいだく。生み落とす瞬間から母性本能が目覚め、その愛が子に向くのが当然とみなされていた。この見方から言えば、母と子のきずなは、父とのそれよりも、ひときわ濃厚で、はるかに強いことになる。

ところが最近、この母親像に大きな革命がおこっている。一つは、社会心理的な現象として、もう一つは医学や心理学の研究テーマとして、である。そして、これらの研究が注目しているのは、母親もまた、必ずしも赤ん坊に対して、誰もが共通に、無条件の母性愛をもつわけではない、という事実である。母親の中には、身ごもりたくなくて身ごもる母もいれば、生みたくなくて生む母もいる。しかしこれまでは、いざ出産したとなると、母親らしくない気持は、母性本能によって一挙に霧消してしまうと考えられていた。旧来はそう信じられていたが、この母性愛神話は次第に崩壊している。むしろ、母親もまた、その赤ん坊との母子関係の中で、少しずつ母性愛を身につけてゆく。赤ん坊の中には、母親から、その愛をひき出すことの巧みな子もいれば、母親の焦立ちや憎しみを誘発しやすい子どももいる。

こうした認識の背景には、最近の社会心理的な現象がある。女性としての性愛をみたすこと、結婚関係をもつこと、母親であること、この三位一体が、次第に分解しはじめている。あるいは少なくとも、イメージとしては、そのような分解を肯定し、促進する女性像が人気を博すような心理傾向が目立つ世の中になった。たとえば若い女性に人気のある女性像、「翔んでる女」として、桐島洋子、佐藤陽子、小池真理子といった人々があげられるが、マスコミがつくり上げた彼女たちのイメージは、いずれも、この三位一体の分解を何らかの形で肯定し、理想化させる役割を担う女性である（ご本人の実像がそうかどうかは別にして）。そしてまた、米国やソ連のように、女性が働く比率が増大するのと比例して、離婚率も急上昇し、離婚経験者の数が、離婚しない女性の数を上まわるといった現象もおこっている。

このような先進諸国社会全体の動向は、やがては、結婚、親子、家族、家庭といった既成観念そのものを変革する可能性をもつもので、新聞の第一面で、中高年対策や年金問題並み、いや、それ以上に重大な社会・政治の問題として論じるべき課題である。それは一方で女性の自立、社会的自我の確立、男女同権の実現といった、好ましい方向性をもつが、他方では、少数の「翔んでる女」の周辺には、多数の「翔びたくとも翔べぬ女」や「翔び損ねた女」を量産している。

家庭から失われた社会意識

若い世代の女性の中には、こうした「翔んでる女」を理想像にしながら、現実には社会的に自立した女性にもなりきれず、ただ一人の男性に人生を捧げるといった結婚にも心の底から肯定感をもつことができず、母親になることにも、それだけが「本当の自分」というアイデンティティ感覚はもてないという女性がふえている。

男性との愛も、もはや絶対のものではなくなっている。先日も「オーケストラがやって来た」というTV番組で、歌劇「トスカ」をやり、「あなたもトスカのように、死んだ恋人のあとを追いますか」という問いに、イエスと答えた女性は二十人中、二人か三人。「また別の人があらわれる」的な発言に拍手がわいた。もちろん、現実のこととして、誰もがあとを追うことはできないし、あれはドラマの上のことではあるが、そうしたいという気持そのもの、あるいは、悲恋の主人公に同一化する気持が、欠けてしまったようだ。

そして私は、そこに、現代青年のしらけをみた。人と人の間も、あくまで一時的・暫定的で、あまりに深くまきこまれて、自分を失うのは困る。何か特定の組織、集団、人物への同一化や帰属意識が稀薄で、それらへの一体感や忠誠を求められることをきらい避ける。「これが本当の自分」という自己限定を、できるだけ先に引き延ばし、延期しようとする。そのような人間像を、私は「モラトリアム人間」とよぶが、現代の若い女性の中にも、この意味でのモラトリアム人間心理が、共通したものになっている。

現代の女性は、愛情の対象、夫、家庭、仕事、職場……といった、自分以外の何かに本当の意味で深くかかわることに充足と安定を得、それらとのかかわりやその世界への帰属意識が、生き甲斐になるような社会条件に、あまりにも恵まれていない。むしろ、戦前、かつての「家」が一つの社会を意味するような時代には、女性が妻になり、母になることは、それなりの社会的地位を意味していた。家庭の中にも、近隣社会、親類とのつきあいの中にも、一定の役割があり、その「家」なり地域社会なりへの帰属意識によって規定された社会意識も明確であった。その場合には、結婚すること、母になることは、それだけで女性が、一人前の社会的女性になることを意味していたし、実際にそうであった。

ところが、現代は、たとえ結婚しても、二人きりの核家族である。そこは、二人の愛の巣であっても、社会意識とはおよそ対極的な、個人意識の場である。家庭にいても、妻の役割は、あいまいで、ごく限られたものになってしまった。もはや主婦の仕事は女性たちの豊かな活動性を、それだけでみたすものではなくなってしまった。その女性が、結婚前から仕事をもち、職場の社会生活をつづけたり、かつて経験したことがあればなおさらである。女性にとって、夫と二人、あるいは夫、子どもを入れた三人の家庭像は、自分たち中心の、情緒的な結びつきの世界ではあっても、そうした情緒的なものを超えた社会的な何かではない。

　では共働きの場合はどうか。マスコミのヒロインになるような、少数の特別な才能に恵まれた女性は別である。そしてまた、上級公務員、医師、芸術家、教師、といった一定の専門職として社会的に認められた職業の持ち主はともかく、いわゆるOL的な仕事の場合、職場からみると大多数の女性職員は、企業の中のお客さま的存在にすぎないことが多い。依然として二十五歳定年説的な考え方は、潜在的につづいている。またOLの側も、企業に対して、強い帰属意識もなく、結婚するまでの一時的かかわりあいのつもりの人が多い。この年代のOLたちは、結婚する自分、母親になる自分が本当の自分で、今ここで働いている自分は、仮の自分であって、結婚し母親になることを待つ間の自分と考えている。まさにモラトリアム人間である。残念なことに、今、大学に学ぶ女子学生の中にも、こうした気分が次第にひろがっている。「どうせ大学を出ても女子はOL的な仕事しかさせてもらえない。それなら、よい相手をみつけて身をかためる方が勝」。

　しかし、そんなふうに思って結婚してみれば、夜遅く、クタクタになって帰宅する夫を、一人で、密室のようなアパートや団地の部屋の中で、テレビ相手に待ちくらすだけのような結婚生活。

とても結婚は、女性の社会意識をみたしてはくれない。そこで女性は、また待つのである。子どもが生まれたら、夫が出世したら……。もちろん夫の社会とのかかわりの中に、自分の社会意識の拠り所を見出そうとする女性も多い。子どもが生まれ、育つにつれて、子どもの社会的成長に自分の社会意識を同一化させる女性も多い。

しかし、そのような期待をかけられる夫もまた、少数のエリートを除くと、会社の中のモラトリアム人間である。課長になる人も限られ、中高年になれば、窓際族化する運命が待ち構え、会社の中でも、旧来ほどの強い一体感は得られない。むしろ夫は、家族とのふれあいの中に、心の憩いを見出し、マイホーム的な世界に、自分の拠り所を求めざるをえない時代を迎えている。しかし、妻からみると、こうした夫のあり方は、自分の社会意識をみたしてくれない頼りない存在にみえる。そこで妻は、子どもに賭ける。いわゆる教育ママである。おそらく現代の女性にとって、もっとも生き甲斐を感じることの一つが子育てであろう。少なくとも子どもが、中学・高校生になる前後まで、はである。子どもとの間で、少なくとも母親は、今自分に欠けている社会とのきずなが、子を通して獲得できるという期待をもつことができる。

しかし、子どもが中学・高校生くらいになると、子ども自身は、母親のこの、自分への一体感を重荷に感じはじめる。いわゆる母親離れの闘いがはじまる。そしてこの闘いで、傷ついたり、失意を味わう中で、母親は、自分自身が直接に社会とのかかわりをもっていなかったことを悔やむようになる。いわゆる中高年問題というと、現在は、専ら男子サラリーマンの問題として語られているが、女子の、それも家庭婦人、つまり母親の中高年問題を、これからはもっと積極的に考えていかねばならない。それとも、少し待っていれば、今度は、「孫ができる」ですませればよいのであろうか。

宇宙時代のモラトリアム人間

自然を失ったヒト

映画「未知との遭遇」のクライマックスは、宇宙人との出会いであった。巨大なＵＦＯからよちよち歩み出た宇宙人は、まるで胎児を思わせる、肉体的に退化したひ弱な存在である。そして私は思った。これは、人類の、自分との出会いではないか、と。

現代社会における日常生活は、自然環境の直接のストレスから人間を守る間接的な人工環境の中で営まれている。自動車、航空機、冷暖房装置、水洗便所……。これらの依存構造の中で、もはやわれわれは、それらの保護なしには一日も暮せない存在になってしまっている。

しかも、この自然の喪失は、生物としての人間（ヒト）の自然の営みにさまざまの異和・変調をひきおこしている。若年女子や中年男女の多食、肥満、青年男子層の性的不能受診者の増大は、かつて自然の本能とみなされていた食欲や性欲の人工環境による混乱の徴候を示している。この動向に比例して、マラソンやルームランナーのような人工的な肉体訓練が、しきりにＰＲされているが、このままいくと、われわれの肉体は、次第に萎縮・退化し、巨大な自然支配力のシステムから構成された人工環境という、母なるものの胎内で、頭でっかちのくせにひ弱な、あのUFOの中の宇宙人のようになってしまうのではないか。もしひとたび、この人工環境を維持するエネルギー供給が途絶したり、天災・人災でそのシステムに破綻がおこると、われわれの日常生活はもろくも麻痺してしまうのではないか。眼前の物的繁栄の背後には常にこのようなパニックへの不安がある。

われわれは、その時UFOの外に、よちよち、ふらふらと歩み出た宇宙人のように、そしてまた、突然、母の胎内から外界に押し出された無力・未熟な乳児のように、きびしい外界に対する強健・柔軟な適応力を失っているのではないか。

共通の社会的性格

しかしながら、「未知との遭遇」の本来の主題は、その題名に直接あらわされている通り、まさに、未知、つまり見知らぬ他者であるUFO宇宙人との出会いである。

精神分析的にいうと、われわれが「自分は何者であるか」というアイデンティティ（自己同一性）の自己確認は、自分とは異質な見知らぬ他者との出会いを介して行われる。たとえば黒船の来航は、まさに、日本人にとって、歴史的な未知との遭遇体験であり、この衝撃が当時の日本の国家・国民的アイデンティティの自己確認運動をひきおこしたのは、周知の通りである。

ところで、この見地から現代社会を省みると、情報・交通機能の巨大な進歩は、情報・文化・生活様式といったあらゆる領域を、地球全体にわたって同質化・均質化する方向に向っている。そしてこの動向は、人々をそれぞれの国家・国民に固有の伝統・文化から根こぎにし、アイデンティティの確立を次第に困難なものにしている。またそれに伴って、私のいう「モラトリアム人間」心理が現代人に共通の社会的性格になってしまった。

そもそもモラトリアムとは、猶予期間という意味で、米国の精神分析学者エリクソンによって「青年期は成人《おとな》としての自己のアイデンティティを確立するまでの猶予期間《モラトリアム》である」という意味で用いられたのがはじまりである。ところが今や、いくら成人になってもアイデンティティの確立がむずかしく、何時までもモラトリアムの状態におかれざるをえないのが、現代人共通の心理構造になってしまった。

そしてこの見地からみると、「未知との遭遇」に代表される、最近の宇宙ブームは、地球上の国と国、国民と国民といった異質なものの出会いに代わって、よい宇宙人、悪い宇宙人とそのあらわし方の違いはあっても、いずれも地球人と宇宙人の出会いという幻想のドラマに、新たなアイデンティティ確認の願望を託しているようにみえる。しかしながら、いくらわれわれが地球人アイデンティティを幻想し、そこに自らの精神的拠り所や帰属意識を求めても、所詮それは、幻想的な試みにすぎない。何故ならば、宇宙人のＵＦＯは、実在の米国人をのせた黒船とは異なる現代の神話の所産だからである。

他者の存在感を失った精神病状態で、しばしばわれわれは、幻想的な他者を設定し、それとの出会いや対立・抗争の形で、自己の存在証明（アイデンティティ）を得ようとする。しかしそのような他者は、その深層心理において、自分自身の自己像の投影である。そして「未知との遭遇」のひ弱く幼い宇宙人は、まさにそのように、幼児化しはじめた人類の自己像の投影である。

消えた男らしさ

宇宙人との出会いの中に、地球人アイデンティティという幻想的なアイデンティティを空想するという神秘的な主題に、何故あのように強い感動をおぼえるのか。まさにその心情の中に、モラトリアム人間を社会的性格とする現代大衆の、隠された思想がひそかに訴えられているようにみえる。

周囲の敵をことごとく征服し、全能感にひたる瞬間、周りには、いかなる他者も存在しなくなってしまった独我論的なむなしい孤独が襲う。魔法のような、少年的な外的空間征服の夢を実現し、今や地球から宇宙へと、目標を拡大しているように見えながら、実は、われわれもまた、何時の間にか無人の世界にいる孤独な自分に気がつく。いやむしろ、征服したはずの地球空間は、人工環境とモラトリアム心理という、〝母なるもの〟の胎内と化し、われわれは、その中にとじこめられているのが現実ではないか。

もはや地球は、男の子らしい、外界征服本能を、自由に発揮できる世界ではなくなり、女性的な自我の優位な内的空間の世界になってしまった。内へのとりこみ衝動過剰の女の子の多食と、外界征服衝動の萎縮した男の子の性的不能は、その象徴的な病理である。もしわれわれが男らしさを取り戻し、少年らしい外界征服や無邪気な攻撃性の発揮を求めるなら、この地球という胎内から飛び出して、新しい宇宙空間をそこに設定しなければならない。

米国でもわが国でも大当りした映画「スター・ウォーズ」は、悪玉国の人工衛星を利用しての核攻撃に対抗する善玉国の闘いを宇宙ものに置き換えたストーリーであり、ロボット、猿人を従えた『西遊記』宇宙版である。そのヒットの理由は、もはや母の胎内と化した地球空間でみたせなくなった少年の夢を、宇宙戦争の形をとることで、何の遠慮もなしに、無邪気に発揮し、たのしませるところにあるようだ。

宇宙活劇の夢からさめて私は考えた。地球上の人類社会は、この夢を実現する空間をいまや失おうとしている。もしそうなら、男らしさの危機に救いはないのか。それとも、たとえ女性的、いやむしろ母性的にさえ見えるのが、まさにモラトリアム人間の時代にふさわしい、より成熟した、より新しい男性アイデンティティなのだろうか。

現代社会の山アラシ・ジレンマ

山アラシのジレンマ

現代は、人と人との距離のとり方について、新たな洞察を求められている時代である。現代人は、お互いの間の既成の距離を失った結果、旧来経験しなかったようなトラブルに次々にまきこまれている。とりわけこのトラブルが、お互いの近づきすぎの結果ひきおこされる、非人格的な加害による傷つけ合いであるという点に、現代人の苦悩の特質があるのではないか。

急激な社会変動の結果、個人と個人の心理的な距離を規制するルール（内的な規範、道徳、礼儀）は失われ、私たちの対人的な距離感覚は失調状態にある。交通の進歩や情報空間の拡大は、国際関係における距離感を狂わせている。物理的な過密＝都市化現象は、騒音公害、交通事故、ゴミ戦争等々の形で、否応なしに私たちを近づけ、傷つけ合わせている。そして競争社会。進学＝受験体制の中で、少年少女たちはお互いにぶつかり、おしのけ合って、適者になろうともがく。

テレビによる文字通りの空間的距離の喪失は、遠い国の出来事や、家庭外の恐しい傷害事件、そして悲惨な大事故を容赦なく茶の間に侵入させる。

では、このようにお互いの隔たりがなくなり、お互いを傷つける度合が刻々と高まってゆくその痛みに耐えつつ、相手と自分が、ある程度は傷つけ合いながら、しかも平和的に共存するにはどうしたらよいのか。お互いの距離のとり方を改めて問い直すこの作業こそ、過密化の一途を辿る現代の私たちにとって、今やあらゆる生活局面にわたる普遍的課題になろうとしている。

たとえば、このような距離のとり方の失調を主な病理とする精神症状として、わが国の精神医学者が共通に注目しているのは、「自分の身体から変な臭いが出ている」と訴える青年たちである。彼らは、自分の口臭とかわきがが変な臭いを出しているために、自分が人のそばに寄ると、みんなそっぽを向いたり席を立ったりしてしまうと訴える。やがては、自分の方からも人に近づくのを恐れ、教室でも一人ぽつんとすみの方に坐ったりして、人と隔たりをおくようになる。そんな臭いはいっこうにしていないのにと言うと、でも私が近づくとみんな目くばせしたり、顔に手を当てたりして、私を嫌っているから間違いありませんと答える。そしていつも、人々の中で自分がどこに席を占めてよいのかわからない、漠然とした不安に脅かされている。

つまり彼らは、他人とどれだけ親しみ、どれだけ隔たりをおいたらよいのかについて自信がなく、人と人との距離のとり方を決める拠り所を見失っているのである。人に好かれるか嫌われるか、体臭を好かれるか嫌われるか、といった感覚的な次元でしか、人との距離が決められなくなってしまっているのである。しかも彼らは、隔たりを失って人に近づくと、自分から意図したわけでもないのに、自分の存在の一部――変な体臭――が相手に不快を与え、相手を傷つけてしまうという奇妙な妄想にとらわれている。そして、この妄想の結果、人との接触を避け、隔たりを保つのであるが、実は彼らは、もっともっと人と親しみ、ぴったりくっついて甘えたくて仕方ないのである。

このような自己臭青年たちの症状は、最近一〇年ぐらいの間に急速にわが国だけに目立ってきた訴えなのであるが、その背景として、わが国における〝自立尊重、自主性強調〟の学校教育と、旧来の日本的甘えとのギャップとして経験されるような、人と人との距離のとり方の急激な変化、既存ルールそのものの混乱をあげねばならないであろう。

しかしながら、このような距離感覚の失調は、決してノイローゼ青年たちだけにおこっているわけではない。むしろそれは、氷山の一角であって、私たち現代人の各世代ごとに、それぞれに特有な形で経験されている。戦前であれば、教師（妻子ある男性）と学生（未婚の女性）の間には、それなりの隔たりがあり、たとえ本物でない権威（家庭）にも敬意を表し、恰好だけでも先生（家長）らしく振舞うのがタテマエであった。ところがもはや現代の状況では、そのような形式的な距離感はまことにあいまいになってしまっている。たとえば隔たりを見失いお互いに近づきすぎた結果、傷つけ合うことになったのが、殺人・一家心中を招いた助教授と女子学生のあの不幸な恋愛事件ではなかったろうか。

このようなお互いの心理的距離が近くなればなるほど、傷つけ合いが深刻におこってくるという、人と人との距離のとり方のジレンマを、米国の精神分析医ベラック博士は、「山アラシ・ジレンマ」とよんでいる（L・ベラック著『山アラシのジレンマ』小此木啓吾訳、ダイヤモンド社）。

「ある冬の朝、寒さにこごえた山アラシのカップルが、お互いを暖めあおうと近づいたが、彼らは近づけば近づくほど自分たちの棘でお互いを傷つけてしまう。そこで山アラシは、近づいたり離れたりを繰り返したあげく適当に暖く、しかもあまりお互いを傷つけないですむ、ちょうどよい距離を見つけ出した」

ショーペンハウエルのこの寓話から、「山アラシのジレンマ」を最初に考察したのは、実はフロイト（『集団心理学と自我の分析』一九二一）である。夫婦、親子、男女、お互いが親しくなり、近づき合えば合うほど、利害関係も密接になり、二人のエゴイズム――山アラシの棘――が相手を傷つけ、憎み争う感情も強まってゆく。つまり、フロイトはこの山アラシの比喩によって、距離がなくなればなくなるほど愛と憎しみといった相反する気持の葛藤＝アンビバレンスがつのる心理に注目したのである。

ところで、ここでこの山アラシ・ジレンマが現代の精神分析や精神病理学の領域におけるもっとも重要な鍵概念の一つになっている事実に言及しておかねばならない。つまりそれは、この山アラシ・ジレンマを、相手の棘の否認や相手との合体によって解消しようとする躁鬱性格者と、むしろ相手の棘を恐れるあまり、かたくなに相手との隔たりを守る形でジレンマを回避しようとする分裂性格者との、それぞれの心理を理解する鍵概念になっているのである。そしてこのように躁鬱病と分裂病という、二大精神病の精神病理に深いかかわりをもつこれらの性格者を精神医学的に研究する鍵概念が、現代人一般の心理を理解する方法論として用いることができるという事実の中に、実は、現代人にとっての距離感喪失の不気味な側面、つまり、正常と異常の境界のあいまい化が反映されているといえよう。

もし読者が、旧来は人々から隔絶した精神病理であったはずの山アラシ・ジレンマを、本章を通して、自分自身が直面している切実なジレンマとして自覚されるとすれば、本章そのものもまた、正常と異常の境界のつき崩しに一役買うことになるわけである。そして、もし私たちがこの洞察を身につけることができるならば、ジレンマへの適応方法を主体的にとらえ返し、私たちを脅かす不気味な不安の正体をつかむ手がかりをそこに見出すことができるのではないか。

加害と被害の心理

小野田元少尉の帰国の記者会見で、とりわけ私がいたく衝撃を受けた発言は、戦友（小塚氏）の死が投降のきっかけになったのか、との質問への答えであった。

――小塚さんがなくなられて、とくに山を下りようという気持になられたのですか。

小野田　そんなこと、むしろさかさの方向です。復讐心の方が多くなりました。だれが自分の目の前で二十七年も八年もの……、露よりもろき人の身は、とは申すものの……倒れた時のくやしさってありませんよ（語気を初めて高ぶらせて、しばし絶句）。男の本性と申しますか、自然の感情からいえば、だれだって復讐心の方が多くなるんじゃないですか。（『朝日新聞』昭和五十年三月十三日）

しかし平和日本の私たちは、公衆の面前でこれほどはっきり素朴に「復讐心」を表明することはできない。

そもそも人と人、国と国との争い、傷つけ合いは有史以来のものであるが、戦争、刑罰、復讐、決闘……、いずれについても旧来は、それぞれの攻撃心を自覚した意図的な争いや加害を肯定する時代であった。ところが、現代は擬似平和主義の時代である。たしかに人々は過去に比べて、より平和的になり、すべてが平和共存をモットーにして暮しているが、またそれだけに、意図されない加害、自覚されない攻撃心、抑圧された攻撃性が人々を脅かし、しかもそれを正当な形で解決し得ないという不気味さが、漠然と人々の深層心理に潜在し、汎化してはいないだろうか。

そして、そのような攻撃性の抑圧、否認の根源を遡ってゆくと、どうしても私たちは、山アラシ・ジレンマを、もう少し深く詳しく分析してみなければならなくなる。そこでまず、棘で相手を傷つける側（加害者）と棘で傷つけられる側（被害者）の心理に即して、この試みを行うことにしよう。

《1　相手に対して敵意も悪意もなしに近づいた結果、相手を傷つけてしまう》

山アラシはお互いに暖め合おうとして近づくわけだが、私たちの場合にも、全く敵意なしに、①相手が好きだからか、②相手から何らかの利益を得たいからか、③全く偶然に、つまり故意にではなく、相手との距離を失って、相手を傷つけてしまうことがある。

交通事故の加害者は、しばしばその瞬間、ひいた自分が自分でないような錯覚におそわれたり、本気になって、自分がひいた気がしないと訴える場合があるが、この心理は、何もわざわざ被害者をやっつけるつもりでひいたわけではないという気持のあらわれである。被害者は何の恨みもない見知らぬ他人である。ただ、たまたまその場に居合わせただけのことである。自動車でいっぱいの渋滞のさなかで、ぶつかったり傷つけたりするのは、決してお互いの悪意でやる行為ではない。たまたまお互いが過密現象のさなかにおかれたためにすぎない。

誰も特定の隣人の安眠を妨害するつもりで騒音を発する人はいないし、周りを汚そうと思ってゴミをたくさん出す人もいない。おそらく産業公害の場合も、少なくともそれに気づくまではそうであった。企業側の職員にしてみれば、当初は意図的にカドミウムや水銀をたれ流して被害者をつくり出すつもりはなかったであろうし、まして誰か特定の人々に敵意をいだいていたわけではなかったであろう。たまたま被害者に近いところで工場を開いていた結果、多数の人々に悲惨な被害を与え、いつの間にか、自分は加害者になってしまっている。

その結果、これらの加害者たちは、奇妙なことに、加害者でありながら自分も災難に会ったという一種の被害者意識をさえいだくことになるのである。

《2　お互いに自分の棘に気づかないまま近づいた結果、相手に害を与えてしまう》

はじめから意図的に手足をつかって相手をなぐったり、刀やピストルでやっつけるのと、たまたま近づき合ったために、自分では気づかぬ棘で相手を傷つけてしまうというのでは、その心理に大きな質の違いがある事実に注目せねばならない。棘は身についたものであって、山アラシにしてみると、それは自分の一部である。しかし、自分の一部ではあるが、それは自分の視野に入らないし、思う通りにならない。なぐるのだったらなぐるのを止めればいい。刀やピストルなら、武器を棄てればいい。しかし、棘は自分から抜くわけにはゆかない。もし棘がなければもっと親しめるし、もっとくっつけるはずなのに、自分の冷たく非人格的な棘、自分の随意的なコントロールを超えたエゴイズムや攻撃性が、相手との人間的な結びつきを妨げてしまうのである。

美化された性愛に潜む、相手を従属させようとする権力意志、母性愛や父性愛に潜む、子どもへの支配欲、上役の世話好きや先輩の指導熱心に潜む、子分づくりや人脈づくりの野心……。これらのエゴイズムは、当の本人にははっきり自覚されないものでありながら、私たちを駆りたて相手を傷つける棘になっているのである。

そして、このような対人関係で、お互いがお互いを傷つける一番鋭い棘は、それぞれの性格である。自分の性格は、自分自身の存在の一部になってしまっているので、本人には棘に思えない。自分の考え、自分の好み、自分のやり方は、本人にとっては決して棘とは自覚されない。しかし、相手からみるとこれほど鋭く自分を傷つける棘はほかにない。しかも、この棘は抜くわけにゆかない。なぜならば、それを抜くことは、その人がその人でなくなってしまうからである。山アラシ・ジレンマのもっとも古典的な舞台である夫婦間の争い、離婚の理由が、いつの時代にも性格の不一致として語られるのも、おそらくそのためなのであろう。

そしてまた、都市化現象に伴う過密化は、自分たちが存在し、生存するという事実そのものが、すでに隣人に対して、いや不特定多数の他人に対して、自分の意図や自覚を超えた棘となる社会現象に、私たちを次々に直面させている。

《3　自分の棘は、相手の痛み＝被害者の〝叫び〟によってしか気づかれない》

したがって、このような性質をもった棘は自分の一部であるにもかかわらず、自分自身では、なかなか気づくことができないという不気味な存在である。

石油ショックや東南アジア諸国の反日デモで、私たちを襲ったあの不気味さには、自分自身の中に潜んでいる内的なエゴイズムや破壊力を、自分が気づく前に他人から指摘された時の人格的な動揺、自信喪失に通じる心理が潜んでいる。そして同様の事態は、人間関係の各局面でおこっている。現代はその意味で、自分の主観的善意の信じられない時代になってしまっている。自分の行為が、自分の主観的動機において悪意や敵意に発するものではないから正当だという古典的な良心を拠り所にして、私たちの人格の安定を維持することは、まことにむずかしくなってしまった。全く思いがけない他人への加害で、責められたり、嫌われることへの不安が、いつの間にか私たちをとらえている。医師たちは、主観的には善意で行った行為によって、いつ自分が医療過誤をおこして告発されるか、という不安に脅かされているし、教師たちは、教育熱心のあまりいつ父兄から行き過ぎだといって告発されるか、といって慎重にならざるを得ない。

そしてこの自覚していない自らの棘に気づかぬ大人たちの自己欺瞞を告発し、現代的な被害者、加害者の論理を人々の心に浸透させたのが、一九六〇年代から七〇年代にかけて、わが国の大学紛争の中で爆発的に顕在化した心情主義的運動であったと思う。彼ら青年たちが目指したのは、実はこの山アラシの無意識の棘を告発し、無自覚な加害者に加害者としての自覚をもたせようとする、自己批判精神のアピールであった。ところが、教師たちには、なぜ学生たちが自分たちに対して被害者意識をもっているのかわからなかった。そして、何度も造反を受けているうちに、漸くにして、自分たちの〝責任〟がどういう意味で追及されているのかわかってくる、といった具合であった。

そして、学生たちが展開したこのサルトル流の自己欺瞞からの解放運動は、加害者として告発されて衝撃を受けた教師たちの心に、今もなお深い心の痛手を残している。しかもその後の心理経過をみていると、あの当時の告発を、自分が学生たちの棘で傷つけられた体験としてしか認知しない教師群と、むしろ自分の無意識の棘が学生を傷つけていた事実に衝撃を受けて、大きな精神的危機を体験した教師群とでは決定的な違いがあるように思う。つまり、後者の教師群は、皮肉にも、告発者の学生たち以上に、この時から山アラシ・ジレンマの論理構造を身につけてその人生を歩むことになる。

しかもこの自己欺瞞からの解放の動きは、大学紛争だけでなく、公害問題、社会福祉問題、医療過誤などのあらゆる生活局面における被害者側の告発運動として浸透しているが、これらの社会体験を通して私たちは、自分にとって自分の一部でありながら、自分の意図とは別個に他人を傷つけてしまうそんな存在＝棘を自分がもっているという心構えなしには、もはや適応できないような社会状況の中におかれはじめているのである。

ドイツの精神分析医ミッチャーリッヒは、現代人が抑圧しているのは、もはや〝性〟ではなくて、自分たちの深層に潜む〝攻撃性〟である、というが、たしかに現代人の不安は、自分の意図しない何か（その「何」かはただ自分が他人と共存することや、生存することそれ自体である場合さえある）が自分の知らぬ間に、いつ、相手や他人を傷つけてしまうか、という不安であり、自分の意識しない（抑圧された）攻撃性に対する不安なのである。

では、傷つけられる山アラシの側の体験はどんなふうであろうか。

《4　自分からは敵意を向けていない相手の棘によって、突然に、あるいは思いがけなく、あるいは気づかぬ間に傷つけられる》

山アラシは、お互いに喧嘩していたわけでも争っていたわけでもないのに、突然傷つけられる。私たちもそうである。全く予測もしていない時に追突され、見知らぬ他人が突然加害者になる。安心して頼ったり、愛を捧げていたら、思いがけなく棄てられる。いつの間にか相手のエゴイズムに悪用されている。もっとも愛する者が、実はもっとも深く自分を傷つけ、もっともひどく自分を迷わせ、苦しめ、狂わせる加害者になる。新聞記者との愛情関係から既婚の女子公務員が機密漏洩事件で味わった悲劇や、九億円を愛人にみついだハイミス銀行員の不運も、おそらく自分が被害者だと気づくまでには、彼らはかなりの期間、幻想的な愛に恵まれていたのであろう。産業公害による被害も過密現象による被害も、はっきりした敵や悪者や侵略者からの攻撃ではないし、こちらも相手を攻撃した覚えがない。たまたま近くにいたとか、その商品を愛用していたとか、隣人関係をもったとかしたために受ける、全く身に覚えのない被害である。

《5　山アラシの棘には人格がない》

加害者の山アラシにとって、棘が自分の一部でありながら、自分の思い通りにならぬものであるという事実は、被害者の側からみると、非人格的なものによって傷つけられる体験をひきおこす。被害の大きさに比例して、加害者の悪意や故意に発する意識的な攻撃性が大きければ、仕返しもしやすい。しかしながら、もはや現代は、小野田さんや忠臣蔵の時代ではない。セックスをしてバイバイされても、罪意識のない相手とでは喧嘩にもならない。事実、最近の性非行では、強姦事件の訴えは著しく減少しているという。旧来のような男女間のルール（隔たり）が保たれていれば、そのルールを故意に破壊した〝強姦〟も成立しうるが、ルールそのものが失われてしまっているので、強姦と合意の境界があいまいになってしまっているのである。

また、しばしばおこるのはお互いに全く人間的な接触がない者同士が、加害者と被害者になるという事態である。つまり、両者は実際には非常に密接な利害関係をもった距離のない存在なのであるが、当事者同士はその事実に全く気づかないですごしている。たとえば国鉄職員と乗客は、きわめて密接な相互依存関係をもっているのだが、うまくいっている時はお互いに赤の他人同士である。ところがひとたび一方が順法闘争に入ると、この身近さが顕わになり、乗客たちが国鉄職員を襲った上尾事件のような不幸な出会いが生まれる。そしてこの被害者側の暴発によって、加害者側ははじめて自分たちが乗客を傷つけていた現実を悟るのである。しかし、この暴発はあくまで一時の感情現象であり、それ以後に両者の間に人格的な間柄が成立するわけではない。

つまりどの生活局面においても、まさに現代の被害は、人格のない加害による被害であることをその特質としているのである。しかも一人の人格の意識的な敵意や憎しみによる特定の人物に対する手工業的な加害とは比べものにならないような、精神面、肉体面にわたる大規模かつ悲惨な被害が、このコントロールされぬ罪意識なしの非人格的加害によって大量生産されている。いやさらに極端な場合には、被害を受けた状況だけはたしかに実在するが、その原因であるはずの加害者はいったい誰なのか、誰にもよくわからないといった、あいまいで漠然とした不気味な状況に陥れられることになる。

情報空間の拡大によって、個人のプライバシーは、たちまち日本全国に知れわたる。マスコミが、スキャンダルや個人的な不幸に苦しむ人々と不特定多数の大衆との間の隔たりを奪い去ってしまう。本当はいちばん他人と距離をおいていたい心境にいるときに、いちばん身近なところまで他人が侵入してきてしまう。そして、加害者は一億人で、被害者はただ一人といった残酷な状況がおこる。しかも被害者は、これらの加害者をはっきり認識することもできない。正体のない不気味な眼ざしが加害者であるとしか言いようがない。そして、加害者になった大衆も、切実な憎しみや敵意をもっているわけでなく、むしろ好奇心に駆られているだけなので、何の罪悪感も感じはしない。

山アラシ心理への適応

私たちは、あらゆる生活局面で、時には加害者の側に、時には被害者の側に立たされる。したがって前節で述べた山アラシ心理のいずれをも体験している。そして、この体験の中で私たちは、多くは無意識的・受身的にこのジレンマに順応する、さまざまな現代人的な生き方を生み出している。私たちが、この状況の中で自己を回復する道は、より積極的にこのジレンマへの洞察を深め、より能動的な形での適応の仕方を見出す努力ではないかと思う。しかもこの試みは、決して状況から遊離した飛躍の企てや幻想的な魔術ではなく、むしろ他動的に強制された受身的な順応を、能動的な適応に選び返すような、現実主義的な努力によって達成されるのではないか。

その意味で、自覚しないまま身につけてゆく順応性を、状況に即した形で、主体的に選び返し、使いこなす自由さや柔軟性が、私たちの自我に期待されるのである。そこでまずこの課題に答えるために、山アラシ・ジレンマへの適応の諸形態を点検することにしよう。

《1　お互いの棘を自覚し、許容しながら生きる――自我分裂意識》

自分の人格的存在の一部である棘が、自分の自我を離れて相手を傷つけているという他人からの告発に脅え、その衝撃に自信を失うと、人々は、私のいわゆる自我分裂意識過剰状態に陥る。つまり、本来ならあきらかに自分に属するものと他者からみなされ、その責任を要請されているのに、実際には、自分の人格＝自我はそんなふうには統一されていないという自己矛盾意識が、この自我分裂意識である。自我の一部が分裂し、知らぬ間に勝手にそれが加害者になっている。自分の運転していた自動車は自分の一部とみなされるが、自分にとっては自分ではない。愛の美名にかくれて相手を傷つけた自分のエゴイズムは自分ではない。しかし、相手はそれを「君が」「あなたが」傷つけたという。

このようにして私たちは、「自分の中の他人」にたえず脅かされるという心理状態におかれるが、そもそもこのような自我分裂は、実は私たち人間にとって存在上避けることのできない宿命的なものである。ところがお互いの距離がなくなり、近づき合えば近づき合うほど、お互いの自我分裂に目が向き、それを告発し合わねばならなくなってゆく。教師としての役割だけで接していれば、その教師の表裏はわからない。しかし、師弟間の形式的距離がなくなれば、その人格の裏（教師でない状態）もよくわかり、その教師の説く所と行う所の矛盾・分裂もはっきりしてくる。情報社会の現代は、政治家であろうと、教師であろうと、とにかくどんな人物についても、情報空間上の距離がなくなり、公私・表裏の使いわけを許さない時代になっている。それだけに、他人の自我分裂にも、自分のそれにもやたらに過敏になってしまっている。

このようにして、人格的な自信のなさが一般化してしまった現在、ひたすら昔流の独善的な〝信念の人〟を懐しむ逆コースの道を辿るよりも、やはり、私たちは、過剰でない範囲での自我分裂意識を保ち、自分の棘を自覚し、相手の棘を許容する寛容さをまず身につけねばならないのではなかろうか。つまり、自分の自己欺瞞や他者への加害に正確な感受性をそなえ、他人の告発を直ちに自己批判へとフィードバックし、相手の自覚しない棘については、相手にそれを指摘はするが、ある程度の寛容さをもつ、そのような自我の能力こそ、山アラシ・ジレンマ時代に生きる上で大いに要求されているのである。

《2　お互いの棘を否認して生きる――否認・合体的な生き方》

山アラシ・ジレンマに疲れ、自我分裂意識に耐えられぬ人々のとる自己防衛策の一つに、自分の棘も相手の棘も否認し、お互いに万事うまくいっていると思いこみ、その確信の中で安定しようとする試みがある。この試みは、依存対象への甘えや強者の弱者に対する支配の場合には昔からおなじみである。たとえば、主観的な善意や誠意、主観的な愛情や友情、それがすべてであって、相手がこちらの棘で傷ついて、いくら痛みを叫んでも耳に入れない。そして相手からもその棘で傷つけられているのに、いっこうにそれを苦にしない。まるで棘が刺さらぬ鎧をまとっているかのように、ナルシスティック（自己愛的）な、時には軽躁的な一体感にひたりつづける。相手が甘えさせてくれるか、自分の側に権力があれば、しばらくの間は相手の叫びを沈黙させたり、耳をおおいつづけることもできるし、自分の痛みも感じないですむ。しかし、やがては限界にきた相手が自分を見棄てたり大騒ぎをはじめ、自分を告発する声をきくと、異常な衝撃を受けてパニックに陥る。また時によっては、突然相手の棘の痛みを感じたり、自分の棘に気づいて自信喪失に陥り、鬱状態におちこんでしまう。

国際関係においてわが国が最近次々に経験しているのは、この種のショックであり、その結果おこった国家的な甘えと、ナルシシズムの破綻なのではなかろうか。

《3　自分の棘は否認し、相手の非人格的な棘を、人格的・意図的な加害と妄想する――悪玉イメージの投影》

漠然とした不気味な山アラシ不安の中にいると、次第に私たちは、自分たちの受けた被害が、誰か正体はわからないが、一定の加害意図をもった人格的な存在によって仕組まれたのではないか、と考えたくなる。単純な追突事故でも、はじめは、被害者にも、加害者が故意でなかったことがわかっていて冷静だが、補償問題がこじれてごたごたやっているうちに、次第に加害者は悪玉イメージになってゆく。まるで意図的計画的に自分に追突し、自分を不幸におとしいれたかのように思いこんでゆく。そして加害者の側もこの攻撃に反応して、はじめは非人格的なレベルの事故だったトラブルが、二人の人格間の争いへとエスカレートしてゆく。同じことが、男女関係についても、労働問題についても、都市問題、公害問題についても、そして今日の石油危機についてもおこってはいないだろうか。みんなそれぞれは、自分たちそれぞれのエゴイズムを発揮しているだけなのに、次第に徹底的な悪玉がいて、すべてがはじめから計画され、仕組まれた陰謀でもあるかのように信じこまされてゆく。私たちには、自分の方に被害がおこりそれに伴う人間的な反応がおこると、たとえ相手が非人格的な棘であっても、何か人格的な迫害者を想定しないではいられなくなる心性がある。そうならないと、憤りのもってゆき場がなくなってしまうからである。そうしなければ責任追及もできないし、仕返しもできない。しかし時によると、この妄想的な擬人化心理の結果、犠牲の山羊《スケープ・ゴート》がつくり上げられるおそれもあるわけである。そしてこの私たちの心理は、ヒトラー的な支配者によって巧妙に操作される危険があることを大いに心していなければならない。

《4　棘での傷つけ合いを規制する企て——境界＝差別構造の再建》

山アラシ・ジレンマがひどくなるにつれて、近所迷惑になる存在は、その存在そのものを社会から隔離し、失われかけている境界を再び防衛・再建しようという単純な割切り方で事の解決を計る企てが、行政家や管理者たちによって次々に試みられている。最近の刑法改正の中で企てられている、少年法改正、精神障害者に対する保安処分その他の動きもその一例である。このような一連の法的規制による人と人との距離の再確立が、各生活局面でいろいろと試みられはじめているし、これからも活潑になってゆくであろう。山アラシ・ジレンマでみんなが苦しむのは境界（旧秩序）が失われ、人々が自由になりすぎたからだ、もう一度、距離をとるルールをつくり直そう、という考え方である。法的規制だけでなく、日本列島改造もまた、公害や過密の再分配によって、お互いの距離の再調整を企てるプランという側面をもつのであろう。

　しかし、ここで改めて考えねばならないのは、そもそも山アラシ・ジレンマが、お互いに親しみ合い、愛し合い、近づき合いたいという人間自然の本性に発している、という事実である。ところがもし、山アラシ・ジレンマの近づきすぎ、つまりマイナス面にばかり注目して、お互いを隔てることですべてを解決しようとすれば、角を矯めて牛を殺すことになるおそれがある。そもそも私たちの課題は「あまり傷つけ合わないで、親しみ合い共存し合うためにはどうすればよいか」なのであって、傷つけ合いさえしなければ、どんな隔たりや差別を設けてもいい、というわけではない。もしそうなれば、冷たい、非情な差別構造の確立や、管理社会化がさらに進行してゆくだけになってしまう。

《5　お互いの棘を恐れて、かかわりを避ける――分裂性格心理》

　山アラシ・ジレンマに傷つきすぎると、次第に私たちは人嫌いになってゆく。かかわりをもつことが傷つけ合いの始まりだ。そう考えて、かかわりそのものを避けて、お互いに自分の殻に引きこもり、表層的なつき合いしかもつまいとする。この傾向は、現代青年にとっては、すでに一つの性格と化してしまったが、その結果として分裂性格心理の一般化がおこっている。分裂性格者とは、人とのかかわりをもち、人から愛を向けられると、途端に山アラシ・ジレンマを恐れ、相手のエゴイズムにのみこまれたり、傷つけられる不安をおこす性格の持ち主のことであるが、その結果、彼らは人との間にはいつも隔たりをおこうとする。もし隔たりが失われると不安になり、人が自分に侵入してきたように感じる。したがって冷たく非情に、表層的な人間関係しかもたないのであるが、私たち現代人は、一昔前の人々と比べたら、何らかの程度に、より分裂性格的になっているようである。私たちすべてに内在するこの分裂性格の心理をよくよく納得しないと、おそらく、これからの人間関係を私たちはうまくやってゆけないのではないか、と思う。

山アラシ不安と潜在パニック

山アラシ心理に対する前述の適応の多くは、私たち日本人にとって親しみのない生き方である。告発されて自信を失った教育者、医療関係者、企業の職員は、自分の棘ばかり気にかかって人間不信に陥っている。もはや日本的甘えは通用しないショックの中で人々の孤立感はつのり、分裂性格的な生き方こそ現代的なものとわかってくればくるほど人間的な過疎はひろがり、人々は人間関係の中で自分の不安を癒す道をふさがれてゆく。タテマエとしては人との隔たりを保ち、契約や合理主義の精神で生きてゆくことが、山アラシ・ジレンマを予防する最善の策とはわかっていても、それではあまりにも冷たく淋しく不安だというのがホンネである。このようにして、ジレンマを解決しようとする適応そのものが、さらに新たな不安の発生条件になる。その結果、ジレンマへの適応そのものが破綻してゆき、さらに深刻な山アラシ不安が人々を脅かすことになる。

つまりそれは、ジレンマへの適応が破綻した場合に露呈してくる不安状態である。しかもその特性は、山アラシ・ジレンマそのものの非人格的な特性によって彩られ、あえて名づけるならば、「潜在パニック」とでもよぶことのできるような不気味な不安＝無力状態である。

　山アラシ不安はすでに前節であきらかにしたように、自分自身の存在そのもの、ないしはその一部が、自分でも意図せぬ形で人を傷つけ、犯すことへの不安であり、友好的な仮面をかぶった隣人、見知らぬ他人のエゴイズムと攻撃性が、いつの間にか突然に、自分を犯す不安であり、ひいては、誰を責めてよいのかはっきりしない、漠然としてあいまいな非人格的加害への不安である。この加害者は、非人格的でありながら、しかも天災や病気のような自然現象でもない機械的《メカニック》な存在（人間がつくり出すが、その人格には属さない非人格的なもの）である。

　そのような不気味さの中で、私たちはもってゆき場のない憤り＝攻撃性を次第につのらせ、しかもそれをどう晴してよいのか、その道を見出すことができないという無力な状態に陥ってゆく。つまりこれらの不安は、もしその主体が山アラシ・ジレンマの洞察に欠ける場合には、不安の正体を明確に認識することもできないし、適切で客観性のある予防策や解決策を講じることも困難な不安である。しかもそれが旧来のように、単純な因果関係の認識によって処理できない不安であるという事実の中に、あえて「潜在パニック」とよべるような山アラシ不安の現代的な特質がみられる。

　そもそも精神医学的にみると、不安は、自我に対して危険の存在や到来を認知させる信号の役割をになう建設的な心理機能である。不安がおこるのは、現実の危険が予知されたり、認識される結果であって、私たちは不安を介してはじめて、その原因を探査し、適切な解決策を講ずることができる。健全な不安には、本来、そのような建設的な側面がある。ところが、山アラシ不安の場合には、不安はおこっているが、その正体がわからない。したがって、その原因を解決することもできない。不安はいたずらに慢性化し、危機感のみがつのり、無力感が深まってゆく。そして、この危機感に対して対応できぬ無力状態が急激に私たちを襲うなら、まさにそれは心理的パニックである。何故ならば、パニック（破局・恐慌状態）とは、危機に際して対応できぬ無力状態から生じる心的反応だからである。

つまり私は、山アラシ・ジレンマへの適応に破綻を生じ、山アラシ不安が深刻化してゆくにつれて、潜在的・慢性的に、パニックに類似した心理状態がみられるようになる、と考えている。ただしそれは、本物のパニックほど急激でもないし、収拾つかぬほど混乱が顕わでもない。むしろそれは、より慢性的で、より瀰漫性で、より漠然とした形で潜在的に進行してゆくが、しかもその心理構造において、それがパニックと類似した構造を含んでいる事実は、今までの分析からもあきらかであると思う。

いやむしろ私たちは、もはやすでに、この見えざる加害に対する潜在的なパニック＝不安無力状態が日常化した、不安不感症ともいえるような状態にさえ陥りはじめているのではないか。ジャーナリズムが、機会あるごとにパニックの到来を予測し、大衆の側にも、大地震襲来説から日本列島沈没、ノストラダムスの大予言などに関心が集まるような心理のうごめきがあるということは、おそらく、この潜在的なパニック心理を反映してのことなのであろう。そして、それは、最近の石油危機のような現実の政治・経済上の変動の際に、一時的に顕在化する。したがって、この潜在パニック心理が、一部の商社や業者、時には為政者が大衆を操作し、搾取する恰好の手段になる危険をはらんでいる事実にも私たちは気づかねばならない。

むすび

山アラシ・ジレンマをつくり出す要因には、「個」と「個」の人間関係の局面だけでなく、さまざまな社会変動に伴う物理的環境から、情報環境に至るまでの、すべての環境変動をあげることができる。したがって、このジレンマへの適応策や解決策にも、個人的なレベルから、さまざまな環境操作に至るレベルのものが含まれることになる。しかし、本章の主題は、このジレンマへの受身の順応から能動的な解決に向うフィードバックの主体であるわれわれの心理過程の解明にあった。人間は、自然環境（一次環境）、社会環境（二次環境）を統合した上に成り立っている心理環境（三次環境）の中で生存している。山アラシ・ジレンマは、その発生については、一次、二次環境の諸要因に規定されるとはいえ、個々人の経験としては、この心理環境での出来事である。もちろん、この世界での動きを、社会環境や自然環境へも投げ返していくことになるが、この自我の営みは、すべてそれぞれの局面における、政治・経済その他の具体的な施策とのかかわりの中で実現されてゆかねばならないであろう。

その意味で、ここでもっとも問われているのは、現代人の「個」の生き方、新しい自我のあり方である。むしろ相手の告発を自己の自我分裂を自覚する反映鏡とみなし、ある程度はお互いの棘の痛みに耐え、完全な友好も完全な敵対も期待せず、ある程度友好的である程度敵対的、ある面では協力、別の面では対立、といった中途半端やあいまいさに耐える能力、時には、かかわりを棄てて隔たりをおき、自立することのできる忍耐強い自我の能力が、期待されているのである。

これらの能力は、保守、革新、どんなイデオロギーに立つ場合にも、それぞれの主体＝個人に要請される自我の力である。もし、このような自我が身につかない場合、私たちは山アラシ・ジレンマに疲れ果て、やがては山アラシ不安、潜在パニックをますます慢性化させてゆかざるを得ないことになる。

戦後、われわれは、敗戦によって文字通り現実的なパニックに襲われ、その後しばらくは、顕在的な不安ノイローゼ状況がつづいた。やがて、この不安を解決する努力が高まり、軽躁的なエコノミック・アニマル時代がきた。ところが一九七〇年代を迎えて、この軽躁的な現実否認や、他の国々との擬似平和主義的な合体が、さまざまな衝撃によって失われることになった。国内的には大学紛争もその一つであった。ニクソン・ショックでアメリカとの合体感が失われた。これらの出来事と前後した日本人論ブーム、とりわけその中で「甘えの構造」が注目されたのは、一連の自己吟味＝自己洞察の努力のあらわれだったのかもしれない。そして今や山アラシ・ジレンマ時代が到来し、かつては変人、ひねくれ者とみなされていた分裂性格者の心理や生き方を、人人が身につけねばならぬ御時世になってしまった。その背後に、先に述べたような潜在パニック心理が人々の間に瀰漫し、汎化してゆく一連の動向を見出すことができる。しかしながら、どんなに時代が変っても、やはり自我にとって、不安は信号である。この信号を介して状況を洞察し、的確な指針を発見する自我の健全さこそ、現代のわれわれが、改めて再確認すべき普遍的な拠り所である。

情報化社会の病理

存在感の喪失

現代の精神分析がもっとも注目する心性は、自我の分裂である。しかもこの自我の病理は、精神病理の世界を超えて、今や現代の私たちに普遍的な心理を特徴づける基本概念になろうとしている。つまり近代合理主義が、その究極的な拠り所とした自我そのものが、その統一性と一貫性を失い、ひいてはその存在感を喪失しようとしているのである。

すでに精神分析の創始者フロイトは、同一の人格（自我）が同一の事象に対して、相反する二つの態度を向け、しかも、この二つの態度の自己矛盾に気づきも悩みもしない精神状態を、自我分裂（ego splitting）とよんだ。

自分が車にのっていると、横断歩道のたびの信号待ちのくり返しには実にイライラしてくる。狭い道で、歩行者がゆっくり前を歩いているために、車が前に進めないと、「こんな狭い道は、歩行禁止にしたらいいのに」などという倒錯した考えさえ浮んでくる。ところが自分が歩行者になっている時には、手をあげてゆっくりゆっくり横断歩道を歩く。狭い道で後ろから車がきても、後ろさえ振り返らない。「だいたいこんな狭い道を車で通ろうなんて間違ってるよ」と思う。

　このように立場、立場で、同じ事象に全く正反対の考え、感情をいだいたり向けたりするにもかかわらず、この自己矛盾に気づかないという精神状態を自我分裂とよぶのである。

　人格の存在感とは、この自己矛盾に気づき、悩み、どうやったらこの矛盾に対処できるかに苦しむ、その苦悩が自分にも他人にも伝わってくる、その重みをいうのだが、「大衆社会」とよばれる今日の社会における私たちの日常生活は、次第にこの重みを失わせ、私たちを、その日暮し的な無人格存在へと追いやってゆくようにみえる。

　この種の心理作用がとりわけ顕著なのは、大衆社会《マス・ソサイエティ》の基本的な機能の一つを担う、テレビ、新聞などのマス・メディアの世界である。

　たとえば新聞。同じA新聞が、精神病者の人権問題を活潑にとりあげているその一方で、「またも精神病者が退院後に殺人をおこした」と大見出しで書き立てる。これでは全く矛盾しているではないかと、ある時A新聞の編集担当者に文句を言った。その答えは「現代では同じ新聞でも、各部（たとえば社会部、文化部という具合に）の自律性を認め、それぞれ自由にやるようになっていて、編集者がそれを統制しないことになっている。統制しはじめたら、戦時中みたいになるおそれもある」ということだった。

なるほどと思った。新聞も、テレビも、その時その場におかれた、それぞれの立場の主張を伝達すればいいわけで、決して、そのそれぞれの立場を統一した「人格」である必要はなく、むしろそれぞれの立場の主張をあえて並列させることで、そのどれを自分の主張とみなすかは、視聴者の主体性＝人格の側に委ねるということなのであろう。つまり、マス・メディアの世界では、伝達される情報を取捨選択して、統一あるものにする機能は、私たちの自我に委ねられているのである。

しかしそうはいっても、日常の私たちは、この取捨選択を常に的確に行っているとはかぎらない。むしろその時その時で、自分の気に入った主張に共鳴したり、新聞の論調やとりあげ方で、その時その時の判断を決めてしまう傾向が強い。もう少し極論すれば、マスコミが並列、併存させている無人格さを、そのまま鵜のみにして、こちらも無人格な反射的人間になってしまう場合が多いのではなかろうか。

たとえば、金大中事件では、わが国の主権が侵害されたと主張するマスコミに共感し、日本人学生が韓国の法によって裁かれる場合には、韓国政府を非難するマスコミの論調に共感する。いずれも、ヒューマニズムとか人権尊重の立場から言えば、心情的には一貫しているが、韓国側にしてみると、自分の国家主権は法理論的に強く主張し、相手方の主権は感情的に無視する自己矛盾に、日本のマスコミは気づかないということになる。

このようなマスコミ的な無人格化が、日常の生活態度にまで及んでゆく時、私たちは、自分自身の自己矛盾に悩むことのない、その場その場だけの自我分裂人間になってゆく。そして、人格の重みを失い、自己の存在感すら稀薄になってゆく。

二重の世界に住む

ところで、私たちは、マスコミの世界の中で、このように分裂しているだけではない。そのように無人格なマスコミ世界と、「個」と「個」としての人格関係をもった、個々の人格が直接かかわる現実世界という二重の世界に住み、この二つの世界それぞれに相異なった態度を向け、しかも、この両者の矛盾に気づかぬまま暮しているという意味での自我分裂をも、さらにひきおこしている。

これは、例の三菱重工の爆弾事件で私が経験したことだが、たまたま丸の内のすぐ近くのビルの十五階にいて会議中だった私は、十二時四十五分に、異常な爆発音を聞いた。ガタガタとガラスもゆれ、地震か、ガス爆発か、まさか戦争というわけもなし……と窓から下界を見下し、それっきり静寂に戻ったので、二時すぎまで会議をつづけた。ところが、会議が終ってから、すでに一時少しすぎに自宅から電話がかかっていたことを知った。私は地理的にはすぐ近くのビルにいたのだが、ずっと離れたところにいた家族は、テレビのニュースで丸の内の爆弾事件を知り、心配して電話で安否を問い合わせてきたのである。そしてそのビルの人々は、この私の自宅からの電話ではじめて、あの爆発音が爆弾事件によることを知った。

そこで会議のあとで皆で話したのは、もしかして、この同じビルの、いやすぐ同じ階で殺人事件がおこって大騒ぎになっていても、テレビを見なかったら、気がつかないでいるのではないか、ということである。

この事件だけについて言えばそれだけのことだが、そこで私が今さらのように痛感したのは、私たちの日常生活が、どんなふうに二重の世界の中におかれているか、ということであった。つまり私たちは、一方で、今こうして丸の内のビルの中にいて、自分の感覚で知覚し考える直接的な世界にいると同時に、ラジオ、新聞、テレビの情報によって構成されている間接的な世界にいる、ということである。さらに言えば、私たちは、ふだんものを考える時にも、常に知らず知らずのうちに、この二つの世界それぞれで、違った感覚、判断、思考をしていることが多いのではなかろうか。

マスコミで車公害や自然破壊の脅威を訴えるのを視聴する時には、全くその通りと共感するが、しかも、そう思いながらも、新しいドライヴウェイができれば喜び勇んで出かけていくし、乗りなれた車を手放す気にはなれない。ジェット機、新幹線の騒音公害についても、そして新空港建設問題についても、マスコミの世界で考える場合には、被害者である住民たちの主張に大いに共感するが、一方ではジェット機での海外旅行もやめるわけにはいかないし、新幹線はやはり便利である。つまり、私たちが、マスコミの世界に住むかぎりでは、タテマエ論だけで、あるいはその場その場の感覚だけで物事を感じ判断するのだが、そのような自分と、現実世界で暮しながら、実際の利害と密着した世界で感じ、考え、行動する自分とでは、同じ自分でも全く相反する態度をとることが多いのである。

現実の世界では、常にお互いに一個の人格であり、それぞれの時点での発言は連続性をもつので、それら相互間の矛盾・撞着は許されない。だからあまりえらそうなことも言えないし、かっこいいこともできない。ところが、マスコミの世界では、とにかくその時点、その時点での論理的正当性があれば、個人的な制約を離れて何でも主張できる。しかもその世界はいわば公開の世界、人々の眼ざしにさらされる世界なので、それぞれの私的な事情は切り離され、現実の世界がもつ複雑な物事の脈絡や関連を無視したタテマエ論だけが通用する。そこでは誰でもが平等にタテマエ通りに何でもやれそうであり、しかも常に他人の眼ざしを意識した思考や判断や感覚しか共有されない。つまりこの世界では、論理と発言の基準が、個々人の人格的な統一性と一貫性や、それを成り立たせている現実関係に即したものであるよりも、マスコミ社会特有の他人志向的な構造によって、決められてしまうのである。

そして、マスコミ世界のこのような心性は、実は、マスコミ世界が、マスコミと現実という二つの世界への分裂そのものを、その成立の根拠とするという、マスコミ固有の基本構造に由来する特徴である。

そこでまず私は、さらにいくつかのこの種の徴候の分析を通して、マスコミの主要機能である言論と報道が、マスコミと現実という二つの世界の間で陥る基本的ジレンマをあきらかにし、ひいてはこれらのジレンマが、現代の大衆社会の中で、私たちにひきおこす自我分裂の心理を論じることにしたい。

言論のジレンマと自我分裂

そもそも言論は、元来、人間の全体的な現実行動から分化した一つの行動形態でありながら、近代合理主義社会の発展とともに、やがては、「言」と「行」との形で対比されるような、独自の存在権を主張する「言」にまでその発達を遂げたという由来をもっている。しかし、だからといって言論が、「行」と完全に切り離された「言」のための「言」になってしまったのでは、その存在意義を失ってしまう。つまり、少なくとも民主主義社会では、「言」と「言」の対話的交流を介して、間接的にではあるにせよ、その言論の作用が、人々の「行」に何らかの現実的効果をもたらすことが目的とされているし、元来「言論」は、その社会体制の中で、権力をもたぬ弱者にも辛うじて許される反権力の唯一の行動形態として、ひいては唯一の闘争手段として発達したものである。そして、この観点からみると、「言」はあくまでも、やはり一つの「行」なのであるが、むしろ近代合理主義社会では、「言」が、直接の現実行動とはその次元を異にする間接的な代理行動であるという側面が強調され、このタテマエに即して、何とかして独自の「言」の世界を確立し、維持できるような構造を確立することにその努力が傾けられてきた。そしてこの努力は、権力に対して「言論の自由」を獲得し、守る闘いの一側面であった。

このように「言論」には、実は常に、「行」から切り離された「言」を確立しようとする努力と、「言」に現実的な「行」としての力を獲得させようとする努力が働き、この相反する方向への努力が互いに相剋し合うというジレンマが内在している。

ところが今や、マスコミ活動が巨大化した大衆社会では、この基本的ジレンマが、かつてみられなかったほどの増幅を受けて顕在化し、現代社会特有のいくつかの徴候を示しはじめている。

その第一の徴候は、自由な言論を保障する構造の確立に意を注げば注ぐほど、皮肉にも本来は現実的な成果を期待していたはずの「言」が、現実の「行」から遊離してしまうという事実である。その結果、「言」と「行」の二つの世界に住む発言者は、二つの世界に生きるそれぞれの自己を切り離してしまうという自我分裂に陥る。

たとえば、特定の意見や思想の発表は、その意見や思想通りの直接的な現実行動を実際にとることとは区別される。たとえ赤軍のハイジャックに賛成という意見をマスコミで述べても、その人物が実際にハイジャックするのとは決定的な違いがあるわけで、そもそも言論が自由であるためには、このけじめの相互確認が重要であって、皮肉な言い方をすれば、「言行不一致」、「言」と「行」の切離しが、そこでは予め前提になっていなければならない。たとえば、「あんな奴は死んじまえ」と口で言うのと、実際に人殺しをするのとでは、決定的な違いがある。

つまり、マスコミの世界では、発言者は当然「言」と「行」の切離しが許されており、それを聞く方もあくまで、「言」に対しては「言」をもって応答し、「行」には及ばないという、そのような相互契約と相互信頼に守られた基本構造が、暗黙の前提条件になっている。

もっと極端に言えば、マスコミの世界では、何を主張し、何を語っても、現実の世界では、その「言」に対する権力側、あるいは利害関係者の「言」による反応のみがおこり、「行」による反応はおこらないことをタテマエとしてはじめて自由な言論は成立可能である。

マスコミ世界の無人格性

しかしながら、もしこのような「言」の世界と「行」の世界の切離しがいつの間にか当り前のことになり、「言」が本来ねらっていたはずの現実世界へのフィードバックへの見通しを失ってしまうと、私たちの心性は、すでに述べたような、マスコミ世界の無人格性、タテマエ主義、刹那的・感覚的反応性、他人志向性によって、パターン化されてしまう。そうなると、自我分裂は慢性化し、人格的な存在感は次第にうすれてゆく。

たとえば、テレビ・マンガ時代の落し子ともいえる現代の青年たちが、職場や学校で、管理者や教師と何事かを相談したり、自分たちの要求について交渉したりする場合に、すぐにとろうとする集団討議とか大衆団交とかの方式を例にとってみよう。従来の感覚で言えば、彼らの意図は、その方式を介して自分たちの要求を通したり、事態を解決しようとしているようにみえる。ところが実際には、彼らが真に求めているのは、そうした現実的な成果ではなく、むしろ、自分たちが言うべきだと思っていることを主体的に言うことのできるような、自由な言論場面の獲得そのものである。

ある大学で寮の舎監と学生の間で種々の規則をめぐってトラブルがおこったが、規則の内容については、両者にそれほど見解の相違があるわけではなかった。ところが、大衆団交を要求した学生のホンネを聞くと、同じ規則であっても、「自分たちが参加した公的な自由討論を通して納得されたものであるのと、そうでないのとでは、全然意味が違うのです」と言う。そしてこの種の場面で、その時その場を支配する原理は、その場その場だけの会議の手続きと論理によって物事を決していくというやり方である。

これは元来きわめて民主主義的な主張なのであるが、もしも手段であるはずの場面設定のための闘いがすべてになってしまうと、実際にはしばしば芝居じみ、劇画的にさえみえる場合がある。何故ならば、利害・力関係の錯綜する現実世界の脈絡や流れの中に、人工的に一種の自由な言論の世界を設定するわけで、そこでは、この人工的な世界と現実の世界との関連は、人為的に切り離されてしまうからである。

この世界の特徴は、現実の世界でそれぞれの発言者がどんな行動をし、どんな利害どんな人間関係をもっているかの、それぞれの人格的統一性と一貫性は、あえて切り離されてしまう点にある。そしてこの切離しができる時、はじめて青年たちは、日常の現実世界での義理・人情、もろもろの利害・気づかいから解放されて、自由な発言が保障されるように感じる。そして、青年たちは、この場面を離れると別人のようにケロッとして、再び義理・人情の世界に立ち戻る。

ところが、本来ならこうした「場」の設定で得られる自由な討論成果を、直ちに現実の流れの中に還元しようとするそれぞれの発言者の言行一致こそ重要なはずである。もし言論場面で発言したことと、実際の現実行動がくい違えばくい違うほど、もはやその自由討論は「虚」の世界になってしまうからである。つまり自由な言論を成立させる構造としては、現実の世界と言論の世界の切離しが必要なのだが、その言が「実」のあるものになるためには、どうしても言行の一致が求められる。もしそのような主体性が欠けていると、言論の「場」だけでの、その時その時の自己主張に終ってしまう。もし本人が自分の言行不一致に気づかなければ、周囲からその自我分裂を非難され、人格的な信頼を失う。それが本来の「言」と「行」の関係である。

現実的な例で言えば、かつての大学紛争の場合の全共闘方式、あるいは、最近の消費者運動とか反公害運動とかいった、いわゆる市民運動の形で自己を主張しようとする場合には、とりわけこのような主体のあり方がきびしく問われねばならない。ところがこれら運動参加者は、一人一人が私生活をもち、さまざまな利害関係の錯綜する現実生活をもつ学生や市民である。これらの人々が、特定問題に関する自由な言論の主張を目的として集り、現実生活からその一局面だけを切り離して一時的な人工集団をつくって、運動を展開する場合、それぞれの局面ではマスコミ的な主張やアピールとしての意義があるのはもちろんであるにせよ、強固な体制や複雑な組織に支配される実在世界の流れの中で、日常的な「行」と「言」との間の自己矛盾をそれぞれが主体的にどう受けとめるかが、その運動の倫理性を決定的に左右することになるのではなかろうか。

したがって、こうした運動に真剣にかかわればかかわるほど、その人々の苦悩は、言行不一致という点において深まるのであって、かつてのニュー・レフト運動が、「自己欺瞞」の止揚といった、サルトル的な実存主義的主体性確立運動をその倫理的基盤としたのも、こうした状況で陥りやすい自我分裂を、どうやって克服してゆくかを、心情的な課題にしたためであると思う。

ところがもし、こうした自由な言論運動がひとたびそのような良心、つまり主体性を失って形骸化すると、すでに述べたような現実の「行」から遊離した、「言」のための「言」になってしまう。そしてこのように自己疎外した「言」は、情報化社会の管理者や為政者の権力によって巧みに操作され、時には逆用されるおそれをもつのである。

同様の自我分裂の徴候は、新聞やテレビにもみられる。たとえば個々の編集担当者としては、報道や言論の自由、そしてそれらの中立性を守るというタテマエに忠実であっても、実際には、それぞれの新聞社、テレビ局は現実社会の中の相対的存在であり、この社会体制の権力構造や利害関係の脈絡のさなかで機能している。つまりマスコミもまた、現実には一個の「人格」である。たとえば、広告主との関係とか、資金面、経営面の内部事情もあるわけで、必ずしもその「人格」は、社会的・政治的に自由なわけではないし、中立でもあり得ないだろう。現に田中首相の金脈問題についても、どの新聞も以前から知りながら、その事実を積極的に報道したり、論じたりしなかった事実が批判を受けているが、もしそれが本当であり、こうした基本的な現実の世界から離れたところで自由な言論追求をするのがマスコミであるということになると、マスコミそれ自身の「言」と「行」の分裂が批判の的になるにちがいない。そして、この自我分裂を大衆が知るようになれば、どんな報道も言論も、いわば括弧つきの、存在感の乏しい劇画的なものになってしまうおそれがある。

「言」の攻撃性

ところで、言論のジレンマの大衆社会における第二の徴候は、マスコミ活動の巨大化によって、「言」がそれ自体、現代社会におけるもっとも影響力の高い「行」へと転化し、「言」のもつその攻撃的な作用が、より顕わになってきた事実である。ただし、「攻撃的」という言葉は、必ずしも否定的な意味をもたない。つまり、その「攻撃的」な作用を評価する際には、権力体制側つまり強者が弱者に加える暴力的な「攻撃」と、国民一般つまり弱者が強者に加える健全な「攻撃」を、明確に区別することが必要である。そして、現在、私たちが直面しているジレンマは、マスコミの巨大化によって、その「攻撃的」な作用が、この二つの場合いずれにおいても高まっているという事実に発している。

まず最初に、ウォーターゲート事件や田中金脈問題の場合を例にとると、あきらかにそれは国民の側が、マスコミ機能を介して、体制の側に健全な攻撃を加えるという意味での報道・言論活動であって、この種の動向は、すでに述べたように、マスコミ自身の自我分裂を克服する上で、高く評価されねばならない。

次にとりあげねばならぬのは、強者がその権力によって巨大なマスコミを支配する場合であって、かつてのヒトラーなどの例を省みるまでもなく、そこでは、言論の自由の基本構造が権力者の手によって瓦解せしめられ、その「言」はもっぱら権力者の支配や攻撃の手段としての「行」と化してしまうのである。

しかしここでとくに注目したいのは、このような誰にも自明な形での「言」の「行」への転化ではない。そしてまた、発言者それ自身が自らの攻撃性や支配力を自覚し、意図的にそれを利用する場合でもない。むしろ、それは発言者自身は自由な言論のつもりで、つまり「言」と「行」のけじめがついた世界での発言のつもりで発表する「言」が、自分が意図しないうちに、現実の世界で人々に種々の加害作用を及ぼしてしまう場合である。それはすでに、「現代社会の山アラシ・ジレンマ」の章で私が現代社会におけるジレンマの一つの局面として述べた、「お互いの距離を失った山アラシ・ジレンマの中で発揮される現代の攻撃性は、意図せぬ加害にある」という論議の一例である。

たとえば、昨年私がA新聞に精神科医師としての自分の悩みをコラム風に連載した時のことであるが、「現在の医療制度では、三時間待って三分診察といった窮地に、患者だけでなく医者もまた追いこまれているが、これでは医者の方も、くたびれはててしまって、良心的な診察も危うくなる」と書いたら、そんなことを書くような医者には、とてもうちの者はまかせられない、と怒ってきた家族がいる。

あえて医者としてのホンネを語って、医者も患者も現行医療制度の被害を受けている事実を、その被害の当事者である人々に気づいていただこうとした私のA新聞での発言が、私の患者の家族の目にふれ、やがては、その家族と私との間で患者自身が苦しむという事態をひきおこしてしまったのである。この場合、事態はすでに、「言」の世界の出来事ではなくなり、患者の治療そのものに被害を与えるという形で、私個人の現実世界にフィードバックされてしまったのである。とりわけその場合、「言」がフィードバックされる時の現実の反応が、権力者からの弾圧とか報復といった「行」であるならば、その反応の被害者になるのは自分自身なので、仮りに被害を受けても、主体的に対処する覚悟をもてばよいが、実際には、事がそう単純に割り切れぬところに、現代社会のむずかしさがあるように思う。つまり、私の発言の被害者は、私自身ではなく、むしろ家族の反応を介しての患者だったのである。自由な「言」が、知らぬ間に一つの「行」として他人に被害を与えてしまったのである。

この種の言論の、発言者の意図せぬ加害性がにわかにクローズアップされてきたのは、マスコミにおけるいわゆる差別用語の使用をめぐる問題であろう。某代議士、某落語家、某司会者がテレビの番組で土下座してあやまったといった出来事が頻発しているが、こうした動向も、発言者自身ではなく、発言者とは直接何のかかわりもなかったはずの被差別者の人々を被害者にしてしまうという反省を、私たちに迫っているのであるが、同時にそれは、現代社会における自由な言論のジレンマを改めて私たちに考え直させる、一つの契機ともなりうるであろう。

いずれにせよ、右に述べた私自身のA新聞での経験で私が得たのは、現代の巨大化したマスコミの世界は、不特定多数、つまりどのような人々も視聴する（参加する）世界だから、誰か（とりわけ弱い立場に立つ人々）を傷つけたり、脅したりするような発言は慎重にせねばならないという反省であった。

この反省と同時に私は考えた。自由な言論によって、私たちが真に目指しているはずの、真実を語り合い、ホンネを伝え合って、物事の現実的・合理的な解決をはかろうという本来の目的が、時によっては、達成し難くなってしまうおそれがある。なぜならばこの場合、その発言者は何ら特別な権力を行使している意識はないのだが、すでにマスコミの世界で発言するということそれ自体が、巨大な力を伴う「行」になってしまっているからである。それに対して被害者の側は、「言」によってマスコミの世界で反応する手段をもたない場合が多く、その結果、現実世界での「行」によってしか反応し得ないという事態もおこりうる。

もちろん、すでに述べたように、マスコミの世界での発言を一つの「行」とみなして、利害関係をもったさまざまな権力機構が、隠微な形での取引や干渉を行ったり、顕わな弾圧や統制に出るといった現実は今もなお存在しているが、旧来から認識されているこうした反応に加えて、いま述べたようなマスコミを介しての意図しない加害作用をも明確にすることが、自由な言論を現代的に論議する上でどうしても必要なように思われる。何故ならば、こうした弱者の被害現象をタテとして強者が、健全なマスコミの攻撃性をもスポイルするような規制を企てる可能性もありうるからである。

最後に、言論のジレンマの大衆社会における第三の徴候として注目したいのは、旧来は、一つの「行」とみなされていたさまざまの活動、たとえば、学生運動や市民運動、悪い例では犯罪行為（爆破やハイジャックなど）がマスコミによって情報化される結果、直接の結果よりも、むしろ、そのような情報化によって生ずるさまざまの効果を、真の狙いとして行われるという事実である。これらの「行」がそれ自体一つの「言」の意味をもちはじめ、ひいては、それぞれの「行」を最初から「言」としての意図、つまりアピールや、告発や、宣伝や、意識変革を目的として行うといった試みも珍しいものではなくなってしまった。

そして、このような動向は、実は言論のジレンマの第一の徴候としてあげた「言」と「行」の切離しに伴う、「言」の無力化やゆきづまりに対する反作用、つまり、一種の短絡反応とみなしうる場合もあるが、さらにこれに加えて、言論のジレンマの第二の徴候、つまり「言」の「行」への転化、とりわけ、「言」の支配的・攻撃的性格の認識が逆用されるという側面もあるにちがいない。

当然、これらの「行」は、現代におけるマスコミの影響力の巨大さを介して、「言」になってしまうのであるが、この場合、現実行動として、人々にさまざまの影響、時には実害を与え、周りからは「行」とみなされるにもかかわらず、本人自身は、自分がその「行」の直接的作用によってもたらす人々への影響や実害は軽視したり否認して、自らの「行」の「言」としての意味や効果しか問題にしないという自我分裂が見出される場合も少なくない。

以上私は、言論そのものに内在する基本的ジレンマが、マスコミ機能の巨大化に伴って、大衆社会の中でどのような徴候を示しているかを考察したが、自由な言論を論議する際には、常にその基本的なジレンマに遡り、それぞれの発言状況において発言者自身が陥りやすい自己矛盾を、常に主体的に洞察せねばならない。換言すれば、それぞれの発言状況に即して、「言」と「行」の二つの世界の脈絡を主体的に関連づけることによって、その人格的統一性を維持することが常に要請されるのである。もしも各発言者が、こうした強靱な自我を身につけぬなら、それぞれの人格の存在感は稀薄化し、ひいてはその自我分裂を指摘し、告発する周囲の鋭い眼ざしのさなかで、発言者の「言」はその重みを失ってゆく。

他人の自我分裂を許さぬ時代

ところで、ここまで私は、マスコミそれ自身の自我分裂、大衆が二重の世界に住むことによって経験する自我分裂、「言」の世界における発言者が同時に「行」の世界にも存在することから生ずる自我分裂など、いずれも、分裂をおこす主体の側に即して「言」と「行」の関係を論じてきた。ところが、実はこれらの自我分裂は、本人自身よりも、その本人を一個の人格として一貫して認知しつづける他人の眼ざしの中で、より顕わに認識されやすいものである。

そもそも精神分析によれば、私たちが、時間的に連続した一貫性をもつ、いくつもの世界におけるそれぞれの自己（たとえば、医師としての自己、一個人としての自己、父親としての自己……）を、統一した一個の人格として認識するようになるのは、他者の眼ざしを介してであるといわれている。

つまり、主体の側からみると、人間の自己意識の流れというものは、それぞれの局面に多様に分化し、時間的に変動するわけで、私たちは自分自身について、実はそれほど明確で統一性のある自己を認識できるわけではない。むしろ、そうした統一的な人格という存在は、肝腎の自己自身にとっては、一種の当為《ゾルレン》、「あるべきもの」である。

ところが、他者にとっては、私たち一人一人は、あくまでも明確な自他の境界をもった一個の人格であり、他者の眼ざしの世界の中では、常に、私たちの統一ある人格は、存在《ザイン》そのものである。そしていわばこの他者の眼ざしの中にとらえられ、反映している全体的な自己＝人格を自己自身であると同定して、その人格像（自我像）を自らの意識の流れにあてはめる時、自分にとっての当為としての統一的な自己が要求されるのであって、この文脈から、自我分裂のことを考ええてみると、当然、それぞれの自我の分裂は、他者にとっての方が、より容易に発見しやすいことになる。

パリの精神分析学者ラカンは、赤ん坊における最初の自我像が成立する発達段階を、「鏡像段階」とよんでいる。つまりラカンによれば、外界から分化して明確な自他の境界をもった統一的な自我像をもつに至るのは、直接自分が自分を知るという経験を通してではなく、むしろ鏡に映った自己の鏡像を見て、その自己像を当為（あるべき自己）として、逆に現実の統一的な自我像が形成されてゆくのだ、という。つまり、この場合の「鏡」とは、まさに他人（母）の眼ざしであって、私たち（赤ん坊）は他人（母）の眼ざしに反映した自己像を通して、自らの自我の全体像を、はじめて知ることができる。

そして私たちは、人と人の間で、お互いに相手の眼ざしに反映した統一的な自己像を通して、人格の存在感をつちかっていくのであるが、当然このような人格関係の中では、お互いの自我分裂が目につきやすい。そして、お互いのそれを、「言」を介して指摘し合うところに、対話が生まれ、相互交流が発展する。このような人格関係の構造を、私はここで「対話的構造」と名づけよう。もしこのような「対話的構造」を失うなら、私たちにとって他者は不在になり、自己も不在になり、人格の存在感は失われていく。そのような意味では、お互いの自我分裂を指摘し合う「言」は、本来、相互の自我発達の促進的な作用をもっている。

このような見地から、現代の大衆社会における人格像について検討してみると、「現代は、他人の自我分裂を許さぬ時代である」と特徴づけることができるのである。ということは、つまりこの時代は、私たちの自我により強い発達を促す時代でもあるのである。

マスコミ機能の巨大化に伴って、どんな人物も一度マスコミの世界に登場して少し有名になったり、公的な要職につくと、やがては、本人自身は切り離していたつもりであった「言」の世界と「行」の世界の不一致を告発され、けじめをつけていたつもりの「公」と「私」の矛盾を非難され、「落ちた偶像」になってしまうという徴候が、次第に顕著になっている。旧来は、権力者側が自らつくり出した「偶像」や「虚像」の陰にかくれ、そのイメージを実在のものであるかのように一方的に大衆におしつけることが容易だったのに比べて、少なくともマスコミの機能を仲介することができるかぎり、大衆もまた「偉い人々」の「実像」にふれる機会が高まってきたのである。そしてこの動向は、人類社会の進歩、私たちの社会的自我の発達という歴史的視野からみれば、社会体制側と国民の間に一方交通ではない真に民主的な「対話的構造」がつくり上げられるための一過程とみなすことができよう。

しかしその途上では、偶像や英雄をどこかで心の拠り所にしようと夢見る幼児的な心性の人々に、人間不信や、人格的な存在感の稀薄化を招いたり、その反動としての一種の告発合戦や、プライバシーの権利の侵害といった、過渡的な社会現象をもひきおこしている。いずれにせよ、もはや現代は、大スターも、大政治家も不在の、英雄なき時代、「裸の王様」時代になってしまった。

落ちた偶像

かつて、マリリン・モンローは、『ライフ』の記者にこう語ったという。「みなさんの空想の対象になるのは素晴しいことですけど、でもやはり、本当の自分自身がそのまま受け入れられる方が、もっといいんじゃないかしら」と。

美しいが、一寸たりないおめでたい金髪娘、セックス爆弾、現代のシンデレラ的成功者、その他さまざまなイメージが彼女であったが、実は彼女自身が願っていたのは、本当の自分自身を理解してもらうことだった、というのが、この彼女の発言の要点なのであるが、皮肉な言い方をすれば、本人自身が、こんな嘆きを訴えるほどに、ノーマ・ジーンが完全にマリリン・モンロー化されきっていたからこそ、彼女は超大スター、つまりいわば現代の神話的存在たり得たのである。そして、偶像化が完成した後、つまり彼女の死後、かなり経ってからの伝記や暴露を通して、ようやく最近になって、私たちはモンローという人物の「全体像」=「実像」を知るようになった。生前のモンロー自身からみれば、映画やマスコミを介して私たちがつくり上げた彼女のイメージは、いずれも、全体から分裂した部分的イメージにすぎなかったのであろう。

この点、たしかに私たちの原始的な深層心理には、特定の人物のある一面を強調し、他の側面を無視して、自分に都合のいいような人物像をつくり出すという心性がある。そしてその一方の極は、理想化や美化の作用であり、完全な善玉化である。他方の極は、悪逆な迫害者や、陰険な悪玉、攻撃者のイメージづくりである。そしてこの心理作用は、現実世界の対人関係の中でも毎日働いているが、とりわけマスコミを介する場合には、マスコミ自身の操作が関与し、私たち自身が直接その人物に接する機会が得にくい結果、この原始的心理作用がますます助長され、拡大されてしまう。

したがって、従来は、かつてのヒトラーをはじめ、多くの大政治家も、そしてマスコミのスターも、大衆のこのような理想化作用に支えられて、巧みに偶像になることができたのであるが、今や現代の大衆社会は、さらに一歩進んだ段階に達しているように思える。つまり、現代は、もはやヒトラーの時代ではなくなったのである。

そしてそのもっとも典型的な実例が、ニクソン大統領のウォーターゲート事件であろう。それまでの米国国民は、大統領に関してその部分的な存在を拡大し、理想化したイメージしかいだいていなかったからこそ、大統領を信頼し、尊敬することができた。たとえば、故ルーズベルト大統領は、終生妻妾同居に等しい生活をしていたというが、米国国民はそれを知らなかった。つまり、ルーズベルト氏は、大衆の自分に関する理想像を終生守り通すことができたのである。

しかし、ニクソン氏は、マスコミの追及に端を発し、やがてはテープ録音の記録公表などを通して、自分のありのままの人格像全体をそのままさらけ出し、米国国民を大統領偶像化から解放するという皮肉な功績をのこすとともに、自らはスキャンダルの象徴になってしまった。

そして今や、テレビタレント程度の存在になると、むしろ自分のプライバシーをあえて情報化することによって、人々の身近な存在になろうとする。なぜならば、情報化社会の徹底によって、公的存在の私的な裏面を知らないと、その人物の存在感が得られないという心理が一般化してしまったからである。表だけ、公的存在だけの人物には、常に存在感の稀薄化や心理的隔たりが感じられるのに対して、たとえスキャンダルの形であっても、裏も表もありのままに示すという人間味ある存在の方が、身近な存在に感じる。さらにまた、この心理の一般化の背景として、実は大衆もまた、すでに述べたような二重の世界に住み、すべて表と裏をもち、公と私をもっていて、その自己矛盾に悩み、自分と同じ自己矛盾をスターや政治家の中に発見することによって、自己の存在感を回復することができるという深層心理をあげねばならない。つまり、これまで、映像やマスコミ媒体を通してしか得ることのできなかったそれらの人物像の全体性や現実世界とのかかわりを確認することを通して、自分自身の二重世界の間でおこしている分裂が、一時的にせよ癒されるのである。またそれは、タテマエ本位のマスコミの中にホンネを見出して、新たな親密感をおぼえるのだということもできよう。

このような動向のさなかで、ひとたび、公的な世界、マスコミの世界の存在として生きつづけようとするかぎり、政治家もタレントも、プライバシーの権利を自ら放棄する覚悟が必要になろうとしている。たとえば、エドワード・ケネディ氏は大統領立候補をとりやめたが、おそらく、大統領候補という公的な存在になる決断をする以上は、マスコミの世界で、自己の人格全体を矛盾なくさらす覚悟が必要だっただろうし、それに伴う秘書水死事件に関するプライバシーの権利の放棄をも決意しなければならなかったのだろうが、この試練に耐えるだけの人格的自信が彼にはなかったのではないか。

つまり、マスコミの巨大化が、かえって現実世界の人格的存在の復権をはかるという機能を果すことになったわけで、これからの社会人は、今まで以上に自分自身の言行一致、表裏のなさ、公私のけじめを求められることになる。したがってこのような側面では、むしろマスコミは、「自我分裂を許さぬ時代」をつくり出すことによって、大衆社会における「人格の重み」を、改めて再評価する役目を担っている。

そうであるだけに、もはや現代の英雄は、いくらプライバシーを洗われてもスキャンダルがない人物より、たとえ多少のスキャンダルがあっても、マスコミの世界と現実の世界、その「虚像」と「実像」が一つに合一した存在感が、生き生きとわれわれに伝わってくるような人物ということになるのではないか。旧来の規準からいえば、英雄というより、むしろ人気者といった方がよいかもしれないが、そのような意味での現代の英雄たりうるのは、長嶋監督とか王選手とか、モハメッド・アリといったスポーツ選手や、プレスリー、ビートルズなどのタレントたち、それに芸術家の類である。なぜならば、天皇、大統領、政治家、学者、思想家といった人々に対しては、今もなお大衆は、高潔な人格を期待し、できれば理想化した「虚像」を、そのまま信仰したい気持が強いからである。そしてこの種の心理状況をあきらかにするために私は、依然としてわれわれを支配する「集団幻想」について論じたいと思う。

集団幻想と自我の分裂

ここで私はもう一度、私たちが、「マスコミ」と「現実」という二つの世界に住む存在であった事実に立ち戻らねばならない。

何故ならば、今まで述べた他人の自我分裂を許さぬ「裸の王様」時代は、あくまでもマスコミの世界における動向であって、現実の世界の中には、依然として互いに共通の自我分裂を共有し、この自分たちの自我分裂をかたくなに守り通そうとする、さまざまの集団的な信念、さまざまの集団的な偏見、さまざまの集団的なタブーが根強く存在しているからである。

たしかに、マスコミの世界や、表の世界だけをみていると、いわゆる情報化社会は、あらゆる理想化、美化作用にストップをかけ、あらゆる偶像を破壊し、社会の急速な変動は、長幼の序、階級、公私の境界を破壊した。大学紛争、公害問題、医療過誤、性教育……。何人も、親、教師、政治家、経営者、スターといった、過去の権威像を「隠れ蓑」にすることは許されない「破れ身」の時代が到来しているようにみえる。

しかしその一方で、こうした表立った動向の裏側には、政治家、役人、医者、ジャーナリスト等々どんな職業集団の世界にも、それぞれの共通の利害にもとづく閉鎖的なものの考え方、感じ方があって、外部からみると、ウチとソトとの自我分裂に驚かされるような価値判断や慣例が、内部では当然のこととして慣習化され、内部にいる人々が、それらの自己矛盾に全くの不感症に陥っている場合が多い。

たとえば、私たち精神科医がいま改めて反省しはじめているのが、精神病院に入院中の患者たちのプライバシーの侵害に対して、これまであまりにも不感症になっていた事実である。自殺の危険がある、火災をおこす危険がある、院外の社会にトラブルをおこすおそれがある、といった、さまざまの危険を予防し、保護するためには、やむを得ぬという論理から、患者たちの言動を、昼夜二十四時間にわたって観察しつづけ、病院スタッフの目にふれぬ私有物を隠し持つことを許さず、院外に出す信書は開封検閲し、時には差し留めるといった慣例が、「精神病者に対してなのだから仕方ない」という判断にもとづいて、疑問をいだくこともなしに、いつの間にか精神科医にも看護婦にも、ごく当然のこととして共有されるようになってしまっていた。しかしながら、患者たちは、精神病者であると同時に、プライバシーの権利をもった一個の人格なのであって、できるかぎりその権利を尊重するのが当然という立場から、これまでの私たち精神科医のプライバシー侵害不感症を再吟味せねばならないというのが、差し迫った課題になっているのである。

同様の例をさらにあげてみよう。一部の政党政治家の世界では、政治にはお金がかかる、そのお金を入手するのに、誰でもやっているようなやり方をうまくやって、幽霊会社をつくったり、土地の値段のつり上げに一役買うくらいなことは仕方ない、といった価値判断が慣習化しているのではなかろうか。糸山英太郎氏が、「誰だって、自分と同じことをやっているのに、自分だけ問題にするのは陰謀だ」という意味の発言をしていたのも、おそらく金権選挙についても同じことがあてはまるためであろう。いや、もしかしたら、田中首相の金脈づくりの事実を何年間も知っていて、あえてとりあげなかった新聞、あるいは現場の記者の人々の中にさえも、政治家ともなれば、まあやむを得ないといった「常識」を身につけすぎてしまっていて、とりあげ損っていたのではないか。

しかもこうした、それぞれの閉ざされた世界の内部にいる人々には慣習化され、当り前になっている価値判断を、その外部のより開かれた世界にいる人々が改めて知らされた時には、「それでは、あなた方が〝患者さんの人権を尊重して〟とか、〝国民は、法と秩序を守って下さい〟とかおっしゃっていたこととの自己矛盾をどうなさるつもりですか？」と問いただしたくなる。つまり、それぞれの閉鎖的なウチワの世界での慣習や価値判断と、より開かれた表の世界でのそれとの自己矛盾を、互いに共有しながら、しかもその自己矛盾に不感症になる、という自我分裂に陥っているのである。

私は、特定の利害を共にする各集団成員それぞれに共有される自我分裂を基盤にして、その集団成員が共有する共通の価値判断や、ものの感じ方、慣習などを総括して、「集団幻想」とよぶが、それをあえて「幻想」とよぶのは、ひとえにそれが自我分裂によって、現実の全体的認識を失い、しかも論理性を欠いたさまざまの偏見、ドグマ、タブーなどから構成されているからである。

裸の王様

このような集団幻想が、マスコミの世界をも支配し、裏の世界だけでなく、表の世界までのみこんでいたのが、旧日本帝国やナチス・ドイツの時代であった。

戦前の私たちは、旧日本帝国時代には天皇を現人神《あらひとがみ》とみなし、手を合わせたり最敬礼をしたり、神だなにまつったりした。そして、「天皇も人間だ」という認識は不敬なこととしてタブー視された。つまり、天皇に対して、私たち旧日本帝国の国民は、一方で「陛下は人間である」という現実認識をもちながら、他方では陛下は神であるという信仰をもつという、わが国民共通の自我分裂を共有することで、異常なまでの国家的団結と相互の連帯感を発揮する集団をつくり上げた。

つまり、その集団の結束が固く、しかも閉鎖的であって、各成員の集団に対する忠誠が強く期待されればされるほど、この集団に対する批判はタブーとなり、お互いに共有された自我分裂を指摘することは困難になる。

しかしながら、このような集団幻想は、決して旧日本帝国やナチス・ドイツだけに固有のものではない。どんな集団にも、どんな国家社会にも、それに所属しない異邦人や外来者からみれば、奇妙に思える集団幻想と、その基盤となる自我の分裂が常に見出されるのが実情である。自由・

平等・博愛を基本理念とする民主主義憲法をこそ唯一の国民的な拠り所としているはずの米国人にも、黒人をはじめとする少数民族に対する差別意識が、白人側の集団幻想として根強く存在しているし、ヨーロッパ人にも、多年にわたるユダヤ人に対する偏見や差別がつづいてきた。

ヨーロッパ諸国を旅して仏教徒である私がつくづく思うのは、どうして、あのように愛を説くキリスト教の教会芸術が、戦争だの殺人だの裸だのといった、肉欲的あるいは嗜虐的な主題ばかりを追いかけてきたのか、そしてどうしてこの素朴な自己矛盾に彼らは目を向けないできたのか、ということである。とてもヨーロッパのキリスト教は、わが国のキリスト日本教の人々が思うような開かれたものではなく、中世的な自我分裂を共有した集団幻想の所産のように、私には思えてならない。

そして、異教徒迫害、非国民、ユダヤ人排斥の例をあげるまでもなく、集団幻想にとりつかれた人々は、自分たち固有の自我分裂を指摘したり、あえて口にしたりする人間を、異端者、反逆者などあらゆるレッテルを貼って弾圧してきた。「王様も裸だ」と宣言するのには大変な勇気がいる。そしておそらく、ソルジェニーツィン氏も、ソビエトにおいてはこのような存在だったのであろう。

ところで、わが国社会の現状をふり返ってみると、マスコミ、つまり表の世界では、「他人の自我分裂を許さぬ時代」が現出し、どんな既成の価値感もゆらぎ変動し、いわゆる流動化社会の状況を呈し、どんな集団幻想に安住することも許されなくなっている。しかしその一方で、現実、とりわけ裏の世界、ウチワの世界では、依然として国民的・階級的・職業的・人種的な集団幻想や自我分裂の共有が存続して、根強い支配力をふるっているという、矛盾した二重構造が存在している。

特定の職業集団の世界だけでなく、それぞれの利益を同じくする、一党一派に偏した、閉鎖的な世界には、どこでも、とりわけその世界が権力機構に近ければ近いほど、こうした集団幻想がうごめいている。さらにまた在日朝鮮人、沖縄の人々、被差別部落の人々などに対する差別や偏見をはじめ、多くの場合、私たちがはっきり自覚しないような形で、私たちの日常を支配する集団幻想が、さまざまに存在している。たとえば、親や子どもたちを支配する、進学＝エリート・コース型の競争社会の価値観、精神障害者はみんな予防拘禁の必要があるほど危険な存在だといった偏見……。

ここで再び、すでに引用した私自身のA新聞のコラムの例に戻ると、「医は仁術」の美名の下に、どんなに不合理な状況の中でも、スーパーマンのように滅私献身する偶像化された医者イメージ＝幻想をみたしていないと、安心して医者にかかれないといった人々が依然として実在する現実に、私は改めて直面したわけであるが、実は、こうした集団幻想に支配されている人々ほど、自分を全能視させる術にたけた、「医は算術」医に搾取されるおそれが大きいのである。

そして、このような集団幻想を総点検し、私たちの表＝マスコミの世界と、裏＝現実の世界の自己矛盾を統合する途上で、私たちがどんな人間的な葛藤や苦悩をもっているかという現実を、改めて再吟味すべきではなかろうか。

原光景の時代

私は本章において、まずはじめに現代の大衆社会には、マスコミの世界と実在の世界という二つの世界が存在するという事実をあきらかにした。そして、私たちがこの二つの世界に同時に暮すという基本構造に即して、自由な言論のジレンマと、マスコミ自身の自我分裂を考察した。やがて再び、「自我分裂も集団幻想も許さぬ」マスコミの世界と、依然として自我分裂と集団幻想が根強い支配力をふるう実在の世界という、相反する二つの世界の併存の事実へと立ち戻ってきた。

つまり、現代社会には、裏の世界でひそかに私たちを支配する、さまざまの自我分裂と集団幻想を隠し、温存させておこうとする体制の支配する「現実」と、それらを表の世界に顕わにし、告発しようとする「大衆」や「マスコミ」との対立が存在している。その意味では、自分たちの自我分裂や集団幻想を隠し、秘めておこうとする既存の勢力に対して、マスコミを介してこれらを顕わにし、あばこうとする大衆は、現状変革的な役割を担っている。むしろ、この努力を通して私たちは、自己自身の無意識にまで支配力をふるってきたタブー、慣習、偏見の深層心理＝集団幻想から自立した「個」、つまり、より啓かれた政治意識や社会意識を獲得し、やがてはその社会的自我の発達を達成することができるのではなかろうか。

この見地からみると、現代社会において、すべての人々が共有している時代精神は、「告発こそ現代の正義」という信念のようにみえるが、この時代精神を、ただ単なる新たな「集団幻想」にしてしまうか、合理的でより包括的な——自我分裂なしの——現実認識にもとづく、健全な自我発達の課題にするかが、現代の私たちの認識上、実践上の歴史的課題なのではなかろうか。

この文脈から、あえて私は、現代を「原光景の時代」とよびたいと思う。何故ならば、原光景の状況は、まさに人と人との間における、隠し、秘める側と、あらわし、あばく側との対立関係をその基本構造とする点で、現代大衆社会状況の錯綜の解明に、一つの手がかりを与えてくれるからである。

ところで、精神分析で用いられる「原光景」とは、子どもが目撃する父母の性交場面をいうが、この原光景状況を子ども側、父母の側それぞれの体験に即して述べると、次のような心理過程が特徴的である。

1　父母は、自分たちの秘事を、子どもに対してひたすら隠蔽し、自分たちが子どもに対して、昼間の世界＝表の世界でつくり上げた「親は親である」という偶像を、何とか保ちつづけようとする。つまりそこには、親自身の、昼と夜、表と裏の分裂がまず実在する。しかも親は、この自己矛盾を子どもに知らせないように警戒し、万全の策を講じようとする。そして、この隠蔽によって、親は親、子は子という秩序＝境界が保たれると親は確信している。その上、親は、子どもは親と同じような欲望や快楽をもってはならないし、そんな欲望や快楽を知らせてもいけないと考えている。

2　ところが、子どもがひとたび父母の原光景を目撃すると、父母は子どもにとって父母であって男女ではないはずなのに、男であり女であることが暴露される。そして、これまで子どもがつくり上げていた理想化された父母像は崩壊し、父母も人間だ、父母も醜い欲望のかたまりだ、動物的存在だといった偶像崩壊がおこる。そして理想化は逆転して軽蔑になり、スキャンダラスな存在へと転落してゆく。またその結果、それまで親と子の間を支配していた旧秩序が崩壊し、両者間の境界は混乱してしまう。

3　このような原光景体験は、一種の心的外傷として子どもの心に作用し、子どもたちは、混乱と不安、時にはパニック状態に陥るが、このような不安と混乱を経験した子どもは、それ以後の父母の昼＝表の世界での言動に対しても常に不信と疑惑を向け、何か自分に対して隠しているもの、裏のことがあるのではないかと疑心暗鬼になり、父母の世界に対するのぞき見、好奇心、詮索心をつのらせてゆく。しかもこの子どもたちの心理には、本来は父母と一体感をいだいていたのに、父母の間だけの秘事、楽しみから、子どもである自分を排除し、差別していたことへの恨み、怒りが働くのであって、子どもたちは、次第に、父母に対する告発心を身につけるようになる。

そして、このような心理過程は、実は子どもたちが父母から自立した「個」になる、自我の成長過程そのものなのであって、親も人間であり、親にも親としての側面（公＝表）と、一個の男、女としての側面（私＝裏）があるという統合的な認識が、子どもの自我発達の必須条件である。つまり、もしこの原光景体験なしに、いつまでも、親は理想的な親であるという偶像化をいだきつづけるなら、いつになってもその子は、権威像への従属から脱却できないであろう。そしていつまでも、父母にとって都合のよい、純真無垢な可愛い子以上の存在にはなれないであろう。

プライバシーと知る権利

私は、以下において、このような原光景心理の観点から、現代大衆社会の状況、隠し、秘める側と、あらわし、あばく側の対立関係を考察することとするが、そのためには、まずそれに先立って、原光景心理の基本構造をさらに綿密に分析し、この分析によって、原光景時代に特有な錯綜を解く具体的な手がかりを得ねばならない。

ところで、私はこれまで、原光景を、「父母の秘事を子どもが知る」という状況をモデルにして論じてきたが、実は原光景心理を現代社会に適用する際には、次の三つの原光景構造を区別し、それぞれの異質な文脈に即して、個々の社会現象を理解する手続きが必要である。何故ならば、この構造＝文脈の異質性を明確にしないと、とんでもない論理のすりかえ、混乱がおこり、本章で述べたような論議が巧みに詭弁の道具とされてしまうおそれがあるからである。

つまり、原光景構造の第一は、タテ関係型、とりわけ上向き型と称すべき原光景状況の原型そのものである。すなわちそれは、今まで述べてきた、「父母の秘事を子どもが……」という構造であり、基本的にこの構造があてはまるのは、体制、権力側、管理者側（親）と、一般国民の関係においてである。たとえば、ウォーターゲート事件、田中元首相金脈問題、外交機密に関する「知る権利」論争などは、この文脈でその原光景心理としてとらえねばならない。

この文脈では、あたかも父母が、無知な子どもたちに対して、自分たちの人間的な欲望や快楽、いわば私利私欲や裏での営みを隠そうと懸命になり、ひたすら子どもたちの理想化作用をつのらせることで、旧秩序、体制を守ろうとする。体制管理者側は巧みに自分たちを偶像化しようとし、自分たちだけが共有するさまざまな秘密、自分たちだけで管理・所有している情報が漏洩したり、知られることをおそれ、防衛しようとする。時によっては、逆に機密防衛論やプライバシーの尊重論をふりかざして、国民の「知る権利」を抑圧しようとする。国民は、純真無垢な子どもでいてほしいのである。

したがって、この原光景構造では、子ども＝国民の自我発達のためには、「知る権利」が主張されねばならないし、むしろさまざまの偶像や権威者の原光景を知ることを通して、国民の意識は、政治的にも社会的にも、大いに成長せねばならない。やがて、自分たちもまた、父母＝管理者と同等の、人間的な欲望の満足や快楽を享受する権利のある一個のおとなにならねばならない。

この場合、原光景は、体制と反体制の現実関係に変革を生じたり、体制と反体制が入れ代わる

（子どももおとなになり、親になる）といった可能性に道を開く現実的な作用力をもたねばならない。しかも、この原光景構造があてはまるのは、政府と国民の間だけのことではない。どんな人間集団であろうと、そこに集団が形成され、何らかの体制が成立し、その体制の運営者＝権力者が生まれるかぎり、こうした原光景構造に即した「知る権利」が適用されねばならない。

しかしながら、ここで留意せねばならないのは、原光景体験が子どもの健全な自我発達に資するだけでなく、むしろその途上では、さまざまの過渡的な心理をひきおこす事実であって、このような原光景の病理をも自覚しておくことが、私たちの自我の歩みを誤らせぬために、是非とも必要である。

そのような上向き型原光景の病理の第一は、これまで理想化していた偶像が瓦解した場合の、完全な善玉化から完全な悪玉化への急転である。

たとえば、しばしば、父母の原光景目撃を契機に父母を恨み、憎み、あげくは家出したり、性的・攻撃的な非行に奔る少年少女がいる。もし大衆の深層心理に、偶像、絶対的な権威、一〇〇パーセントの聖人や英雄に同一化したり、それらにマゾヒスム的に傾倒していないと安定できない、幼児的＝前近代的な権威主義が根強く存在していると、これらの少年少女と同様の社会的混乱や無秩序がおこるおそれがある。おそらく、米国の一部有識者がウォーターゲート事件の際に危惧したのも、この種のパニックであって、時には軍部のクーデターの危険までも口にされた。さらにまた、しばしば、この種の偶像崩壊による、特定権力者の悪玉化の心理は、別の権力者によって、大衆のスケープ・ゴート（犠牲の山羊）心理に結びつけられ、巧みに悪用される。つまりこの場合、私たちは、自分が内心いだいている、同様の私事やエゴイズム、それらをめぐるうしろめたさを、完全に悪玉化した人物像に投射し、その人物像を口をきわめて非難したりやっつけることによって、自分たちはまるで正義の味方ででもあるかのような心境にひたるのである。たとえば田中元首相の金脈問題にしても、基本的にそれは、国民の社会的自我の発達に資するはずの原光景体験であるにもかかわらず、目に見えぬ、別な権力者によって、権力体制内の派閥抗争の道具に転化せしめられ、田中首相を首相たらしめた政界の体質の現実的改善なしに、田中氏だけをこうした体制の変革を防衛するためのスケープ・ゴートにして事足れりといった結末になるとすれば、憂慮すべきことである。

何故ならば、それは、ナチス擡頭に先立つ当時のドイツの政情を思いおこさせるからであって、とくに私たちは、こうした告発的スケープ・ゴート心理を、ヒトラーや戦時中のファッショがしきりに利用した事実にも、思いを致さねばならない。このような原光景の病理は、やがてその反動を招き、再び完全な善玉化、美化された偶像や英雄待望の心理への逆戻りに向うおそれを内包している。この心理経過は、子どもが原光景のリアリティを全面的に否認し、セックスなんかしない、純潔で高潔で超人間的な親らしい親を空想的につくり上げることで、原光景の痛手を癒そうとするのに似ている。そして私たちは、現実認識の否定の上に立った新たな集団幻想（イデオロギー）や、独裁者に身をまかせてゆく。

上向き型原光景の病理の第二は、原光景体験が子どもに与える不気味さや人間不信の心理作用から発している。たとえば、外交機密や、政治の裏取引の事実を人々が知ると、自分たちの知らぬ、隠された謀略や密約で、自分たちの運命が左右されているという不気味さが人々の心にひろがってゆく。ひいては、マスコミの世界に登場するあらゆる公的な存在、表の世界（親の世界）に信を失い、裏の世界、身辺的な世界、私的な存在のみに信頼をおくという生き方をする人が出てくる。すべての医師は医療過誤のかたまりであり、すべての役人は汚職の化身であり、すべての政治家は金権の権化であり、どんなスターも必ずやスキャンダルの権化である……という不信がつのり、結局それは、前近代的な民間療法に頼り、新興宗教やお祓いを信じ、占いや超能力にあこがれるといった風潮を招いている。つまり、自分自身が直接触れることのできる狭い私的な世界（子どもだけの世界）へと退行し、その世界の中に、信じられるもの、全能なものを再生産しようとする。最近のオカルト・ブーム、占いの流行なども、こうした理想化された全能者へのノルタルジアの一つのあらわれであろう。

上向き型原光景の病理の第三は、父母に対して、自分を排除して、二人だけの秘密をもってたのしんでいることへの羨望や恨み、その表裏の世界への怒り、詮索心や好奇心などに駆られて、異常なまでののぞき見、暴露衝動にとりつかれて、その化身になってしまう場合である。とりわけ、今まで述べてきた権力体制側と一般国民との対立関係（親子関係）の構造の中で高まったこの種の衝動が、私たち一般市民相互の間にまであふれ出し、権力に対する「知る権利」が、一般市民（一般の男女関係）のプライバシーを侵害する、のぞきや盗聴の権利へとすりかえられてゆくという倒錯心理には、十分な配慮が必要である。

現代社会では、盗聴、のぞき見のテクノロジカルな機能が高まっているが、当然その一方で、これらの侵害に対するプライバシーの権利尊重論議が活潑になっている。そしてこのような「知る権利」論と「プライバシー尊重」論のかなり錯綜した論議を整理するためにも、私は、第二の原光景構造を明確にせねばならない。つまりそれは、隠す親、隠す権力側に対し、あばく子、あばく一般国民というタテ関係型、とくに上向き型の第一のそれとの対比において、同等のおとなの男女とおとなの男女との間でおこる、ヨコ関係型と称すべき原光景状況である。

そもそも私たちは、お互いにプライバシーをもち、公私、表裏の自己矛盾に悩みながら暮している。一方では自分の秘密やプライバシーを大切にして隠しておきたいのだが、他方で他人のそれを、のぞきたい、知りたいのである。現代の大衆社会では、しばしばマスコミがこの機能を果しているが、お互いに基本的な人権＝「個」をもつ存在同士として、プライバシーの権利の侵害と尊重の論議は、基本的には、このヨコ型の原光景構造の文脈に即してとらえられねばならない。

ところが実際には、すでにふれたようにヨコ型の原光景構造の文脈の中に、マスコミが上向き型の「知る権利」を持ち込んで、一般市民のプライバシーを侵害したり、上向き型の原光景構造の文脈の中に、公職にある首相のヨコ型プライバシー尊重論が持ち込まれるといった論理のすりかえがしきりにおこっている。

そして第三の原光景構造は、タテ関係型の、つまり下向き型のそれである。すなわち幼い子どもが、子ども（たち）だけの秘事をもつことを許さぬ親に対して、一生懸命に自我を確立しようとして、隠し事（秘密）をもとうとする関係である。実際の子どもを例にとれば、いわば思春期から青年期の息子、娘と父母の関係を思い浮べていただけばよいであろう。息子、娘の異性交遊に鵜の目鷹の目の父母。自分たちも男女であるのを忘れて、息子、娘の動向は逐一知っていないと安心できぬ父母。それはしばしば、子どもたちの保護とか危険の予防とか、つまり、子どもたちのためを思ってという形をとる。現代のコンピューター情報化社会は、国民総背番号化とか、犯罪の取締り、予防とか、健康管理とかの必要という名目で、一方で「知る権利」に目ざめ、上向き型原光景の状況の中で青年期を迎えようとする一般国民の自我に対して、逆にそのプライバシー感覚に脅威を与え、ひいてはその感覚を麻痺させてしまうような、国民総情報化を招来しかねない動向が胎動している。

そして、上向き型原光景構造の中での権力体制や情報管理者に対する、国民の「知る権利」の主張が、いつの間にか、下向き型原光景構造における「知る権利」の主張にすりかえられてしまったり、下向き型、つまり権力体制側の国民総情報化の動きに対するプライバシー尊重論が、再び公職にある権力者の立場の擁護に利用される、といった錯綜がしきりにおこっている。

これらの原光景構造の、それぞれの文脈での明確な識別によって、私たちは「原光景時代」を生きる自我を助ける、基本的な洞察を身につけることができるのではなかろうか。

むすび

原光景体験を通して、親の自我分裂を知った子どもは、やがては親との間に同等の人間同士としての民主的な対話的構造をつくり上げてゆく。たしかに原光景時代は、隠し、秘め、対話を拒否する側と、あばき、あらわし、一方的に告発する側の対立時代であって、対話の不在と人間の相互不信が顕著な時代である。しかも一見すると、原光景体験つまり巨大なマスコミ活動の衝撃が、両者の対話的構造を瓦解させてゆくようにみえる。しかしもう一歩つっこんだとらえ方をすると、そもそも原光景体験以前には、実は真のリアリティに立脚した、合理的な交流などほとんど成立していなかったのである。つまりそのような未熟な段階では、一方は、ひたすら自己の正体を隠し、他方は相手の正体を知らぬまま相手を偶像視するといった「集団幻想」の世界しか存在していなかったのである。

さらに言えば、乳児には、たとえ父母の原光景を目撃しても、それを原光景（性交場面）として認識できる自我が未成立なので、原光景「体験」にはならない。ということは、原光景時代は、それ自体、人類社会の合理的な自我が一定の成長を遂げたことの示標である。

そして、このような歴史的見地からみると、原光景体験の衝撃のはげしさゆえに、さまざまな原光景の病理がしきりにその徴候をあらわし、私たちの大衆心理をむしばんでいるようにみえるが、こうした病的徴候のゆえに、原光景時代の積極的な歴史的意義を見失ってはならない。すでに述べたように、〈隠す＝あばく〉対立関係を通して、人々はそれぞれの自我分裂を自覚し、人格の存在感を回復してゆくのであって、こうした原光景状況を通して、私たちが真の対話的構造を着実につくり上げるためには、現在のような過渡的な状況も避けがたいものなのではなかろうか。

つまり、私はこのような歴史的な展望から、現代の「原光景の時代」を、人類社会の自我がより豊かな統合と成熟を遂げる過渡的な段階として位置づけることができるように思う。

しかしながら、もし私たちが、そのような自我発達の道を見失い、いたずらに原光景の病理におどらされつづけるなら、むしろ原光景体験以前の世界への退行に向い、ひいては、偶像と集団幻想が、現実の世界のみならず、すべての「言」やマスコミの世界をトータルにのみこみつくすような、タブーと抑圧の支配する暗い隠蔽時代へと逆戻りしてゆくほかなくなってしまう。

原光景時代のさなかで近代合理主義の自我は、分裂か統合かの岐路に立ち、その危機感に脅かされている。ひとえにその存在感の回復は、私たちそれぞれの自我が、本章で述べたような大衆社会の状況に即して言行一致の人格の重みを取り戻す、そのような主体的努力にかかっている。

解　説

山　本　七　平

モラトリアム人間、これは戦後日本を解くための最も貴重なキイ・ワードであろう。

人生には一人前になるための猶予期間《モラトリアム》があり、その意味では昔も今も、人間は人生のある期間はモラトリアム人間であった。ただ人知の発達、科学の進歩、社会の複雑化は一人前になるための猶予期間を長くした――いやここまでのことなら昔から言われていた。今の人間は二十歳を越えても一人前にならないが昔は十五歳で元服した云々という老人の話は、半世紀も前に、私はすでに耳にしていた。

問題がただ、一人前になるための猶予期間が長くなったと言うだけなら、それは別に問題ではあるまい。平均寿命が延びているのだから、相対的な比率に於ては猶予期間は逆に短くなっているかもしれない。その程度の認識しかなかった私には、この本は大きな驚きであった。

一つには私が本書に指摘されている「モラトリアムなし人間」の世代に属するからであろう。入営、戦場、戦後の混乱という状態は本書で指摘されているように否応なく「モラトリアム心理構造にも裂け目が生ずる。青年はこの裂け目を突破口にして現実社会に参加しやすく、比較的容易に一人前になるチャンスが到来する」のである。それが私の体験であっただけに、大学生などの年齢を聞いて、同じ年に私自身が年上の部下を率いてジャングル戦を行なっていたことを思い出すと、何ともいえない奇妙な気持になる。ただ私は戦後十年ほどの闘病生活で内面的自我を養うモラトリアムを得たが、それがなかったら、奇妙な気持を越えて一種の拒否反応が出てきたであろう。

おそらく今の日本には、戦争と戦後の混乱を経た「モラトリアムなし人間」と、戦後社会が生みだした「モラトリアム人間」との、二つのタイプが並存しているのであろう。そして皮肉なことに、前者が早熟な実力者となって異常なエネルギーを発揮して復興と高度成長をなしとげ、その結果、モラトリアム人間が生じて来たわけである。

この自らが生みだした者に対して、「モラトリアムなし人間」はもちろんのこと、現代社会の管理組織の実力者たちには、一種の怨念のように「反モラトリアム心理」が蓄積し、その怨念をはらせない自己不全感に悩まされている。それは男女を問わない。一方モラトリアム人間は、その怨念にも無関心で、何に対しても常に「お客さま」で、たとえ組織の中にいて周囲に同調していようとそれらはすべて「仮のもの」であり、〝本当の自分〟を賭けようとは感じず、評論家意識を実行者意識よりも高く評価している。

この対立は、戦後に図式化された左右の対立などとは関係はない。著者が記すように、「『働くこと』『生産すること』『同志との団結』『政党・組合組織への忠誠』などをバック・ボーンにする、今やもっとも典型的な古典型人間集団になった〝革新〟政党が、モラトリアム心理に居直るこれらの消費型人間の心をつかめないのは、やむを得ない」という状況である。これはある意味で最も強い怨念となる。

この状態は「ひとたび国全体が脱モラトリアムの方向に歩み出すとなれば、右翼も左翼も、古典型人間のつくった既成政党も、生活者意識の強い労働組合もこぞって同調する強大な『反モラトリアム運動』が一挙に公然化する可能性がある」。確かにこの兆候はあらゆる面に見える。社会は著者が指摘するように「左翼対右翼という古典的対立よりも、モラトリアム人間対脱モラトリアム人間という新しい対立図式を設定しなければならない」状態になっている。

一方、モラトリアム人間の方にもそこからの脱出の希求はある。「もし、モラトリアム人間たちが実人生での力を回復し、歴史・社会の動きに復帰しようと願いはじめるなら、また確固たる世界観や全体的な展望＝イデオロギーへの同一化を渇望しはじめるなら、まさに彼らは多年の『拘禁状態』からの脱出を求めることになるのであるが、もはやモラトリアム心理の徹底した現代社会におけるこの脱出の企ては、もっぱら短絡的・衝動的な行動によってこの心理社会構造に一時的な破綻をつくり出すしかないようにみえる」。いわばそれは登校・通勤拒否、海外への脱出といったような形で、その行為までも一種の「ごっこ化」されてしまう。そして反モラトリアムの強行と、「拘禁状態」からの脱出ごっこの相乗効果は、全く不毛の成果しか生み出さないであろう。このことはすでに部分的に起っている。

一体われわれはこの状態からどのようにして脱却すべきなのか。著者は次の三点をあげている。

まず第一にモラトリアム＝猶予の存在意義を認めること。モラトリアムがある故に人間は人間でありうる。しかも第二にモラトリアムはあくまでも猶予期間であり、何かに対して猶予されているのであり、それを唯一の状態と誤認すれば一種の拘禁状態になり現実を喪失してしまう。そこで第三に、第一の本質的要素と第二の否定的要素を混同して、人間を人間たらしめている基本的なモラトリアム構造そのものを決して否定してはならないということである。

ではそれをはっきりと認識した上で、われわれは何をすべきなのか。これに対して大きな示唆を与えてくれるのが「同一性の探求」である。私自身、私の年齢では珍しい日本人キリスト教徒の三世なので、本篇におけるアメリカの一世、二世、三世の問題はきわめて興味深かった。というのは私自身もアメリカで別の観点から一世、二世、三世を調べ、自己と対比してさまざまな問題を考えさせられたからである。

しかしこの問題は単に私や三世の問題ではなく、著者が指摘しているように全日本人の問題なのである。それは明治を起点としてもいえるし、昭和戦前・戦後・現代という関係でもいえる。モラトリアムからの脱却が『これが本当の自分だ』と選択した『……としての自分』に自己を賭け、特定の社会集団や組織や歴史的世界と、ガッチリと結び合う」ことなら、そして「リトル・トーキョーの三世たちは、日本人としての自分、その成り立ちや歴史、文化の流れの中の自分を自分のものにしないかぎり、自分たちは根無し草になってしまう」のなら、それはわれわれとて同じであろう。根なし草は「……としての自分」でなく歴史的世界とガッチリ結び合っていないという点で、常にモラトリアム状態にあるということであろう。

だがそれからの脱却の希求は一歩誤れば偏狭で排他的な民族主義やナショナリズムへと人々を駆り立てる。われわれが根なし草にならず、そして偏狭な排他的な人間にもならないようにするには、一体どういう方法があるのか。これは個人の問題であり、同時に集団の問題であり、さらに国家・民族の問題である。それを著者は「科学・技術の進歩によってもたらされ、各民族・人種を超えて世界全体に共有される現代社会特有の心的なあり方を媒介にして」求め、そこに普遍的なモラルによる連帯を求めようとする。これは一民族内・一社会内でも同じであろう。

そしてその中にあってそれぞれの歴史・文化の独自性と連続性を保持していくこと、おそらくこれが、現在生起しているさまざまの問題に対処する基本的な心的態度であろう。

人間の心理に関する本には普遍的な読み方はない。みな自己の位置において本書を読む以外に方法はない。「モラトリアムなし人間」の世代の私には私なりの、「モラトリアム人間」にはモラトリアム人間なりの読み方があるであろうが、人はそれぞれの位置で本書から何らかの結論を得るであろう。

中公文庫

モラトリアム人間《にんげん》の時代《じだい》

1981年11月10日　初版発行
2010年4月25日　改版発行
2021年4月5日　改版2刷発行

著　者　小此木《おこのぎ》啓吾《けいご》

発行者　松田陽三

発行所　中央公論新社
〒100-8152　東京都千代田区大手町1-7-1
電話　販売 03-5299-1730　編集 03-5299-1890
URL http://www.chuko.co.jp/

印　刷　三晃印刷
製　本　小泉製本

Published by CHUOKORON-SHINSHA, INC.
Printed in Japan　ISBN978-4-12-205311-3 C1111

各書目の下段の数字はISBNコードです。978－4－12が省略してあります。

中公文庫既刊より

き-3-3
ものぐさ精神分析
岸田　秀
人間は本能のこわれた動物――。人間存在の幻想性に鋭く迫り、性から歴史まで文化の諸相を縦横に論じる注目の岸田心理学の精髄。〈解説〉伊丹十三
202518-9

き-3-4
続　ものぐさ精神分析
岸田　秀
人間の精神の仕組を「性的唯幻論」という独自の視点からとらえ、具体的な生の諸相を鮮やかに論じる岸田心理学の実践的応用篇。〈解説〉日高敏隆
202519-6

か-54-1
中空構造日本の深層
河合隼雄
日本人の心の深層を解明するモデルとして古事記神話における中空・均衡構造を提示し、西欧型構造と対比させ、その特質を論究する。〈解説〉吉田敦彦
203332-0

あ-5-3
「日本文化論」の変容　戦後日本の文化とアイデンティティー
青木　保
「日本独自性神話」をもつくり出した、その論議の移り変わりを、戦後の流れのなかで把えなおした力作。吉野作造賞を受賞したロングセラーの文庫化。
203399-3

い-22-2
問いつめられたパパとママの本
伊丹十三
どちらかといえば文学的なあなたのために。空ハナゼ青イノ？　赤チャンハドコカラクルノ？　科学的な物の考え方を身につけ、好奇心を伸ばすことのできる本。
205527-8

い-83-1
考える人　口伝《オラクル》西洋哲学史
池田晶子
学術用語によらない日本語で、永遠に発生状態にある哲学の姿をそこなうことなく語ろうとする、〈哲学の巫女〉による大胆な試み。〈解説〉斎藤慶典
203164-7

う-15-9
文明の生態史観
梅棹忠夫
東と西、アジア対ヨーロッパという、慣習的な座標軸のなかに捉えられてきた世界史に革命的な新視点を導入した比較文明論の名著。〈解説〉谷　泰
203037-4

う-15-15
女と文明
梅棹忠夫
半世紀以上前に発表するや賛否両論の大反響を巻き起こした「妻無用論」「母という名のきり札」。先見的な女性論、家庭論を収録。〈解説〉上野千鶴子
206895-7

う-16-3
日本人の「あの世」観
梅原猛
アイヌと沖縄の文化の中に日本の精神文化の原形を探り、人類の文明の在り方を根本的に問い直す、知的刺激に満ちた日本文化論集。〈解説〉久野昭
201973-7

う-16-4
地獄の思想 日本精神の一系譜
梅原猛
生の暗さを凝視する地獄の思想が、人間への深い洞察と生命への真摯な態度を教え、日本人の魂の深みを形成した。日本文学分析の名著。〈解説〉小潟昭夫
204861-4

さ-48-1
プチ哲学
佐藤雅彦
ちょっとだけ深く考えてみる――それがプチ哲学。書き下ろし「プチ哲学的日々」を加えた決定版。考えることは楽しいと思える、題名も形も小さな小さな一冊。
204344-2

た-77-1
シュレディンガーの哲学する猫
竹内薫
竹内さなみ
サルトル、ウィトゲンシュタイン、ハイデガー、小林秀雄――古今東西の哲人たちの核心を紹介。時空を旅する猫とでかける、「究極の知」への冒険ファンタジー。
205076-1

の-12-3
心と他者
野矢茂樹
他者がいなければ心はない。哲学の最難関「心」にどのように挑むか。文庫化にあたり大森荘蔵が遺した書き込みとメモを収録した。挑戦的で挑発的な書。
205725-8

の-12-4
ここにないもの 新哲学対話
野矢茂樹 文
植田真 絵
いろんなことを考えてはお喋りしあっているエプシロンとミュー。二人の会話に哲学の原風景が見える。川上弘美「『ここにないもの』に寄せて」を冠した決定版。
205943-6

み-39-1
哲学ノート
三木清
伝統とは？　知性とは？　天才とは何者か？　指導者はどうあるべきか？　戦時下、ヒューマニズムを追求した孤高の哲学者の叫びが甦る。〈解説〉長山靖生
205309-0

書目コード	タイトル	著者	訳者	内容紹介	ISBN
や-9-1	柔らかい個人主義の誕生 消費社会の美学	山崎 正和		消費文化論ブームを惹き起こした日本の同時代史。新しい個人主義と成熟した「顔の見える大衆社会」を提唱する。吉野作造賞受賞。〈解説〉中谷 巌	201409-1
や-9-3	社交する人間 ホモ・ソシアビリス	山崎 正和		グローバル化によって衰退する組織原理。国家や企業を離れ、茫漠とした「地球社会」のなかに曝される現代人に、心の居場所はあるのか。〈解説〉三浦雅士	204689-4
よ-33-6	養老孟司の幸福論 まち、ときどき森	養老 孟司		まちに集中する人とものー。このままで本当に良いのだろうか……? 現代人に警鐘をならし、ユニークな視点でほんとうの豊かさを考え直す、養老流の幸福論。	206140-8
わ-20-2	感覚の幽い風景	鷲田 清一		おどろおどろしい闇が潜んでいたり、深い官能を宿らせていたり──言葉と身体の微妙な関係を、身体論の名手が自由自在に読み解く。〈解説〉鴻巣友季子	205468-4
テ-2-2	方法序説・情念論	デカルト	野田又夫訳	私は考える、ゆえに私はある──デカルトの学問的自叙伝ともいうべき「方法序説」に、情念制御の道について考察した「情念論」を加える。國分功一郎氏推薦。	206804-9
テ-4-2	自殺論	デュルケーム	宮島 喬訳	自殺の諸相を考察し、アノミー、生の意味喪失、疎外など、現代社会における個人の存在の危機をいち早く指摘した、社会学の古典的名著。内田樹氏推薦。	206642-7
ニ-2-3	ツァラトゥストラ	ニーチェ	手塚富雄訳	近代の思想と文学に強烈な衝撃を与え、今日なおまず予言と謎に満ちたニーチェの主著を格調高い訳文と懇切な訳注で贈る。〈巻末対談〉三島由紀夫・手塚富雄	206593-2
フ-4-2	精神分析学入門	フロイト	懸田克躬訳	近代の人間観に一大変革をもたらした精神分析学の全体系とその真髄を、フロイトみずからがわかりやすく詳述した代表的著作。〈巻末エッセイ〉柄谷行人	206720-2

各書目の下段の数字はISBNコードです。978-4-12が省略してあります。